中國史學基本典籍叢刊

校補襄陽耆舊記

（附南雍州記）

〔東晉〕習鑿齒 撰
黄惠賢 校補

中華書局

圖書在版編目(CIP)數據

校補襄陽耆舊記:附南雍州記/(東晉)習鑿齒撰;黄惠賢校補. —北京:中華書局,2018.11(2024.8 重印)
(中國史學基本典籍叢刊)
ISBN 978-7-101-13463-6

Ⅰ.校… Ⅱ.①習…②黄… Ⅲ.襄陽(歷史地名)-地方志 Ⅳ.K928.6

中國版本圖書館 CIP 數據核字(2018)第 227023 號

責任編輯:陳若一
封面設計:周 玉
責任印製:陳麗娜

中國史學基本典籍叢刊

校補襄陽耆舊記

(附南雍州記)

〔東晉〕習鑿齒 撰
黄惠賢 校補

*

中 華 書 局 出 版 發 行
(北京市豐臺區太平橋西里 38 號 100073)
http://www.zhbc.com.cn
E-mail:zhbc@zhbc.com.cn
三河市宏盛印務有限公司印刷

*

850×1168 毫米 1/32 · 6½印張 · 2 插頁 · 100 千字
2018 年 11 月第 1 版 2024 年 8 月第 3 次印刷
印數:4501-5000 册 定價:34.00 元

ISBN 978-7-101-13463-6

目録

卷二　人物

卷三　山川

南雍州記

整理説明

一

《襄陽耆舊記》，東晉襄陽人習鑿齒撰。《隋書·經籍志》稱《襄陽耆舊記》，兩《唐書·藝文志》又稱《襄陽耆舊傳》，均載明五卷。南宋初，晁公武著《郡齋讀書志》，其卷九載《襄陽耆舊記》五卷，晉習鑿齒撰。其書「前載襄漢人物；中載其山川、城邑；後載其牧守」。又稱：「《隋經籍志》曰《耆舊記》，《唐藝文志》曰《（載）〔耆〕舊傳》。觀其書紀録叢脞，非傳體也，名當從《經籍志》云。」高宗紹興六年（一一三六年），曾慥編撰《類説》，卷二有《襄陽耆舊傳》十一條，其中「呼鷹臺」及「三公峰」二條，既非轉録他書注引，亦不見於三卷本之《襄陽耆舊傳》。元人脱脱奉敕撰《宋史》，《藝文志》稱《襄陽耆舊記》，五卷。是則在宋、元之際，習鑿齒《襄陽耆舊記》五卷本，尚行於當時。

趙宋時期，除《襄陽耆舊記》五卷本外，尚有三卷本之《襄陽耆舊傳》行世。北宋仁宗慶曆元年（一〇四一年），王堯臣等奉敕編纂《崇文總目》，載《襄陽耆舊傳》，三卷，習鑿齒撰。南宋光宗紹熙年間（一一九〇—一一九四年），襄陽太守吴琚（字雲壑，襄陽人）刻於郡齋，這是《襄陽耆舊傳》有刻本的最早記載。但是，據説這一刻本「泯滅久」，在襄陽郡「無得而覩焉」。直至明神宗時，襄陽宜城人胡公價（字玉如），「初令臨海，得於學士先生梓以歸」。胡玉如從臨海帶回的《襄陽耆舊傳》刻本，於萬曆癸巳（即萬曆二十一年，一五九三年）在襄陽郡翻刻，這個刻本前面有鵝湖陸長庚的序，它記載了這個翻刻本的淵源。清乾隆五十三年（一七八八年），震澤任兆麟以家藏的明神宗時郡齋刊本（即明萬曆本），補正數處，再行翻刻，並收入其《心齋十種》中。《心齋十種》本《襄陽耆舊記》，即現在所能見到的《襄陽耆舊記》的最早刻本。該本三卷，「不載山川、城邑」，追根溯源，可能即北宋以來傳世之三卷本。其所以能夠流傳至今，當得力於吴雲壑首刻於紹熙，陸長庚翻刻於萬曆，而任兆麟再版於乾隆。

《心齋十種》本，對萬曆本「補正數處」，任兆麟都一一加注，計：據《淵鑒類函》補卷二人物鄧攸一條；據《三國志》注校正卷一人物龐德公條九處，補卷二人物向朗條十五字。因此，可以認爲它基本上保存了萬曆本、也很有可能是南宋紹熙本的面貌。

二

《心齋十種》本《襄陽耆舊記》，三卷。前兩卷爲「人物」：周一人，漢二十六人，晉五人，共計三十二人；後一卷爲「守宰」：漢一人，晉九人，共計十人。任兆麟稱，《襄陽耆舊記》「中列時代，以晉繼漢，以漢繼周，居然春秋筆法」。這與《漢晉春秋》「黜魏帝蜀」一樣，都反映了習鑿齒的著史思想。其次，《襄陽耆舊記》所載四十二人中，晉人十四，其中除李重、鄧攸爲後人誤補外，其餘十二人中，十人今本《晉書》有傳，而《襄陽耆舊記》即是《晉書》有關本傳（或附傳）的依據資料之一（有的文字全同），且《心齋十種》本《耆舊記》溢出之處尚多；至於蒯欽、習嘏的事迹，《晉書》幾乎没有提到。《心齋十種》本《襄陽耆舊記》最有價值的部分，是所謂「漢人物」所載二十七人，其中半數是《三國志》、《後漢書》不曾爲之立傳的，但它們卻保留了很多有用的歷史資料。在經濟史方面：提及別業、田宅的有三處；客、客户、兵家的有四處；奴、奴婢的有三處。政治史方面：提到吴的大公平，晉的大中正、州都；吴的校事，蜀的五部兵家，晉的都戰帥等等。社會史方面：有冠族、豪族、庶民、渡民、下户、卒家、隱士等。宗親史方面：如諸葛亮與龐山民、蒯祺、黄承彦；黄承彦與蔡諷、蔡瑁、劉表、張温；李衡與習竺等等。此外，還有民族、民俗、民謡等諸方面的資料。這些歷史資料，有的不僅不見於正史及注，即使像南北朝以後的類書也没有摘引。因此，我們推證，《心齋十種》本《襄陽耆舊記》雖有後人輯補過的種種痕迹，但它的主要部分，應該是南宋紹熙郡齋三卷本的殘本。

東晉時期，常璩撰《華陽國志》十二卷，爲巴蜀地方通史；《襄陽耆舊記》是同一時期襄陽本地著名史學家習鑿齒所撰著，雖不如《華陽國志》涉及面廣，且《心齋十種》本又多殘訛，但它和《華陽國志》一樣，仍不失爲研究漢末、三國、兩晉史的重要資料。特别是在魏晉時期保存下來的原始記載十分缺乏的情况下，重新整理出版《襄陽耆舊記》，應該更具有它的意義和價值。

三

萬曆本《襄陽耆舊記》存在三個方面的缺陷：一是有關「山川、城邑」的兩卷全部散佚；二是在傳鈔、翻刻、流傳過程中的疏漏、殘損；三是後人誤補（如李重條）和將後人續作誤入習氏文中（如《南雍州記》之羊祜、杜預條）。因此，對萬曆本《襄陽耆舊記》確實存在着校勘和輯補的問題。前面説過，任兆麟在重刊《襄陽耆舊記》時，曾補入鄧攸條及校勘兩條共十處。雖然鄧攸條又係誤補，但總的來説，任氏在重刊時，就已經注意到萬曆本《襄陽耆舊記》有校勘、輯補之必要。

光緒己亥（即光緒二十五年，一八九九年），襄陽人吴慶燾（字寬仲）在《心齋十種》本的基礎上作了大量的輯補、考訂工作。首先，他「搜輯群書」，「網羅散佚」，「得若干事，釐爲二卷，以補任本山川、城邑之闕」；其次，他又「補入人物、牧宰者復數事」；第三，對於「一事而徵引各殊者，别爲考異一卷」（參見本書附録一吴慶燾序）。經過吴慶燾的努力，《襄陽耆舊記》又恢復到五卷本的輪廓。

吴慶燾氏搜尋雖勤，但由於主客觀條件的種種限制，吴本《襄陽耆舊記》（附《襄陽四略》）仍存在着兩個較突出的問題：一、資料方面的欠缺。在輯補中，吴本多據《淵鑒類函》，而《類函》成書於清康熙四十九年（一七一〇年），該本篇幅浩繁，編纂粗率，所據資料全係轉引，且少有斟酌，訛誤甚多。而唐、宋重要類書，如《北堂書鈔》、《藝文類聚》、《白孔六帖》等，都未能涉及。二、考證方面亦多失誤。吴氏一方面指出，《南雍州記》非習氏書文，力主删削；另一方面又將郭仲産書引入以補習文，以致自相牴牾。或者出於追求數量，吴本不僅未能將李重、鄧攸等後人誤補條訂正，而且吴自補條中又有五條復屬訛誤，誤補情况更加嚴重。

四

這次校訂、輯補《襄陽耆舊記》，在「人物」、「守宰」的三卷，以《心齋十種》本爲底本。參考吴慶燾本，着重於校勘；「山川」、「城邑」二卷，參考清人王謨輯習鑿齒《襄陽記》和吴本，着重在於輯補，附帶作點校勘。

爲了彌補萬曆本、《心齋十種》本的缺陷，也是吸取吴慶燾本的經驗教訓，在資料搜集方面，着重注意南宋及此前的史注、類書和叢書，計從《三國志》裴注中輯出二十條；《後漢書》注、《續漢志》注中輯出八條；《世説新語》注中輯出二條；《水經注》中輯出一條；《初學記》十條，《藝文類聚》十一條，《北堂書鈔》二十六條，《昭明文選》注三條，《白孔六帖》三條，《太平廣記》二條，《太平御覽》四十九條，《太平寰宇記》四條，《類説》十一條，《山谷詩内集》任淵注一條，《職官分紀》三條，《墨娥漫録》三條，《輿地紀勝》四條。另參考《説郛》本（《五朝小説》本全同）、《名勝志》、朱謀㙔《水經注箋》、楊守敬《水經注疏》，以及《淵鑒類函》，明《（天順）襄陽府志》、《（萬曆）襄陽府志》，清《（乾隆）襄陽府志》、《（同治）襄陽縣志》、《（光緒）襄陽府志》等書。

在校勘方面，本書各條均按條出「題注」，説明本條底本及參校各書及卷數，以便查考。各條末作「校注」，除少數條目爲綴輯者分句注其出處外，均以一本爲底本，他書爲之校勘；字句變動或有牴牾處，除無關史實、文義者不注外，一律出校記。另爲研究方便起見，在輯補的第三、四兩卷（即山川、城邑部分）每條「校注」之後，立「各本輯文」，將輯得各書文句，全數原樣附上。有其他相似記録，亦作收集，以資參考。

通過校補，本書計新補卷一「人物」三人，卷二「人物」二人；刪去誤入卷二「人物」一人，卷五「守宰」一人，「山川」、「城邑」五條。

此次中華書局出版本書的繁體直排本，在原整理的基礎上，對一些文字、標點等存在的訛誤進行了修訂。

雖志在勘誤補缺，但由於水準不夠，用力欠勤，缺漏謬誤，必然不少，懇請方家指正，以利修改。

黃惠賢

一九八四年夏

二零一八年修訂

卷一 人物

周

宋玉

題注 宋玉條，共四段。前二段，據《心齋十種》本，以《藝文類聚》卷四三、《初學記》卷一五、《北堂書鈔》卷一〇六、《太平御覽》卷五七二、《説郛》卷五八校訂。第三段以《昭明文選》卷一九、《高唐賦》注引《襄陽耆舊傳》爲底本，第四段以《太平御覽》卷三九九引《襄陽耆舊記》爲底本，據《昭明文選》卷一六《别賦》注，《太平御覽》卷一〇、三八一，《類説》卷二及《圖書集成》、《雲霞部外編》引《襄陽記》校訂。又，第三、四兩段，吴慶燾輯補入卷三山川類，題曰巫山。按巫山在三峽，不屬襄陽山川；文中叙宋玉對楚襄王事，故當爲宋玉條之遺文，今續補之。

宋玉者，楚之鄢人也，故宜城有宋玉冢。始事屈原，原既放逐，求事楚友景差。景差懼其勝己，言之於王，王以爲小臣。玉讓其友，友曰：「夫薑桂因地而生，不因地而辛，美女因媒而嫁，不因媒而親。言子而得官者我也，官而不得意者子也。」玉曰：「若東郭狻者，天下之狡兔也，日行九百里而卒不免韓盧之口，然在獵者耳。夫遥見而指蹤，雖韓盧必不及狡兔也；若躡迹而放，雖東郭狻必不免也。今子之言我於王，爲遥指蹤而不屬耶？躡迹而縱泄耶？」友謝之，復言於王。

玉識音而善文〔一〕，襄王好樂而愛賦〔二〕，既美其才，而憎之似屈原也〔三〕。曰：「子盍從楚之俗〔四〕，使楚人貴子之德乎？」對曰：「昔楚有善歌者，王其聞歟〔五〕？始而曰下里巴人，國中屬而和之者數萬人〔六〕；中而曰陽阿采菱〔七〕，國中屬而和之者數百人〔八〕；既而曰陽陵白露白露，曲名也，朝日魚離魚離，曲名也〔九〕，含商吐角，絶節赴曲，國中屬而和之者不過數人〔一〇〕，蓋其曲彌高〔一一〕，其和彌寡也。」

赤帝之季女曰瑶姬〔一二〕，未行而卒，葬於巫山之陽，故曰巫山之女。楚懷王游於高唐，晝寢，夢見與神女遇，自稱巫山之女，王因幸之。去而辭曰：「妾在巫山之陽，高邱之岨，朝爲行雲，暮爲行雨，朝朝暮暮，陽臺之下。」旦朝視之，如言〔一三〕，遂爲置觀於巫山之南，號曰朝雲〔一四〕。

楚襄王與宋玉游於雲夢之野，將使宋玉賦高唐之事。望朝雲之館，上有雲氣：崒乎直上，忽而改容，須臾之間，變化無窮。王問宋玉曰：「此何氣也？」對曰：「昔者先王游於高唐，怠而晝寢，夢一婦人，曖乎若雲，焕乎若星，將行未至，如漂如停，詳而視之，西施之形。王悦而問焉。曰：『我帝之季女也，名曰瑶姬，未行而亡，封於巫山之陽臺〔一五〕，精魂依草，實爲靈芝〔一六〕，媚而服焉，則與夢期。所爲巫山之女、高唐之姬，聞君游於高唐，願薦枕席。』王因而幸之。」

校注

〔一〕玉識音而善文　「文」原作「友」，據《藝文類聚》、《太平御覽》改。

〔二〕襄王好樂而愛賦　「襄」、「而」二字原無，據《藝文類聚》、《太平御覽》補。

〔三〕而憎之似屈原也　「似」原作「仍」，據《藝文類聚》、《太平御覽》改。

〔四〕子盍從楚之俗　「楚之」二字原無，據《藝文類聚》、《太平御覽》補。

〔五〕王其聞歟　此四字原無，據《藝文類聚》、《太平御覽》補。

〔六〕國中屬而和之者數萬人　「萬」原作「百」，據《藝文類聚》、《太平御覽》改。

〔七〕中而曰陽阿采菱　此句原作「既而曰陽春白雪，朝日魚離」，據《藝文類聚》、《太平御覽》，改「既」爲「中」；據《北堂書鈔》、《初學記》、《太平御覽》，改「陽春白雪，朝日魚離」爲「陽阿采菱」。

〔八〕國中屬而和之者數百人　「數百」原作「不至十」，據《藝文類聚》、《太平御覽》改。

〔九〕自「既而曰陽陵白露」至「魚離，曲名也」，底本原無，據《藝文類聚》、《北堂書鈔》、《太平御覽》補。又《太平御覽》「陽陵」作「陽阿」，據《初學記》、《藝文類聚》改。

〔一〇〕國中屬而和之者不過數人　「過數人」原作「至三人矣」據《藝文類聚》、《太平御覽》改。

〔一一〕蓋其曲彌高　「蓋」字原無，據《藝文類聚》、《太平御覽》補。

〔一二〕赤帝之季女曰瑶姬　「之季女」三字原無，據《文選·別賦》注補。

〔一三〕自「去而辭曰」至「如言」三十六字原無，據《圖書集成》補。按《太平御覽》卷一〇引亦有「朝爲行雲，暮爲行雨」句。

〔一四〕此句後原有「至襄王時，復游高唐」，按此兩句爲《文選·高唐賦》注者語，故删。

〔一五〕封於巫山之陽臺　「陽」字原無，據《類説》本補。

〔一六〕實爲靈芝　「芝」原作「之」，據《文選·別賦》注引改。

漢

習融子郁

題注 習融條，據《心齋十種》本，《説郛》卷五八略同。《心齋十種》本置此條於楊儀、繁仲皇後，吴慶燾本移於王逸條前。按習書以時代爲先後，王逸爲安帝時人，習融爲光武時人，吴改爲是，從之。

習融〔一〕，襄陽人，有德行，不仕。子郁，字文通，爲黄門侍郎〔二〕，封襄陽公〔三〕。

校注

〔一〕習融　《説郛》本「習融」前有「後漢」二字。

〔二〕爲黄門侍郎　吴慶燾注：「『黄門侍郎』，他書多作『侍中』。」

〔三〕封襄陽公　吴慶燾注：「『襄陽公』，應作『襄陽侯』。」

秦豐

題注　秦豐條，《心齋十種》本無，吴慶燾輯於《後漢書》注，題爲「黎丘」，附於卷四城邑末。按秦豐，宜城黎丘鄉人，更始二年（二十四年）起兵於此，故入卷一人物。

秦豐，黎丘鄉人。黎丘，楚地，故稱楚黎王〔一〕。

校注

〔一〕《水經·沔水注》云：「沔水東南流，徑犁丘故城西。其城下對繕州，秦豐居之，故更名秦洲。王莽之敗也，秦豐阻兵於犁丘。犁丘城在觀城西二里，建武三年，光武遣征南岑彭擊豐。四年，朱祐自觀城擒豐於犁丘是也。」「犁丘」即「黎丘」。

王逸

題注　王逸條，據《心齋十種》本。《説郛》卷五八全同。又劉宋范曄《後漢書》卷八〇上《文苑・王逸傳》，除「宜城人」下增一「也」字、「作漢詩」前增一「又」字，易「累至」爲「順帝時」外，餘文字全同，疑即録《襄陽耆舊記》立傳。

王逸，字叔師，南郡宜城人。元初中，舉上計吏，爲校書郎，累至侍中。著《楚詞章句》行於世。其賦、誄、書、論及雜文，凡二十一篇，作漢詩百二十三篇。子延壽。

王延壽

題注 王延壽條，據《心齋十種》本，《説郛》卷五八全同。又《後漢書》卷八〇上《文苑・王逸附子延壽傳》文義略同。疑習書王逸及子延壽本爲一傳，後人强分爲二。

王延壽，字文考〔一〕。作《靈光殿賦》。蔡邕亦造此賦，未成，及見〔二〕，甚奇之，遂輟翰。曾有奇夢，惡之，作《夢賦》以自勵。後溺死。

校注

〔一〕字文考　《後漢書》本傳李賢注云：「張華《博物志》曰：『王子山與父叔師到泰山從鮑子真學筭，到魯賦靈光殿，歸度湘水死。』文考一字子山也。」

〔二〕及見　此二字文意不明。據《後漢書》本傳，疑後脱「延壽所爲」四字。

龐德公子山民、孫焕

題注　龐德公條，據《心齋十種》本。以《三國志》卷三七注，《後漢書》卷八三注，《藝文類聚》卷六三，《初學記》卷一七，《北堂書鈔》卷一五八，《昭明文選》卷五五《廣絶交論》注，《白孔六帖》卷四一，《太平御覽》卷四〇三、八二二、八五〇，《職官分紀》卷四九，《説郛》卷五八，《類説》卷二校訂。又《後漢書》卷八三《逸民·龐公傳》所載略同。

龐德公，襄陽人，居沔水上，至老不入襄陽城〔一〕。躬耕田里，夫妻相待如賓，休息則正巾端坐〔二〕，琴書自娱，睹其貌者肅如也。荆州牧劉表數延請〔三〕，不能屈，乃自往候之。謂公曰：「夫保全一身，孰若保全天下乎？」公笑曰：「鴻鵠巢於高林之上，暮而得所栖；黿鼉穴於深泉之下〔四〕，夕而得所宿。夫趨舍行止，亦人之巢穴也。但各得其栖宿而已，天下非所保也。」每釋耕於隴上〔五〕，妻子耨於前。表詣而問曰〔六〕：「先生苦居畎畝之間而不肯當禄，然後世將何以遺子孫乎？」公曰：「時人皆遺之以危，今獨遺之以安，雖所遺不同，亦不爲無所遺也。」表曰：「何謂？」公曰：「昔堯舜舉海内授其臣而無所執愛，委其子於草莽而無所矜色，丹朱、商均至愚下，得全首領以没；禹湯雖以四海爲貴，遂以國私其親，使桀徙南巢，紂懸首周旗而族受其禍，夫豈愚於丹朱、商均哉，其勢危故也。周公攝政天下而殺其兄，向使周公兄弟食藜藿之羹，居蓬蒿之下，豈有若是之害哉！」表乃嘆息而去。

諸葛孔明每至公家，獨拜公於床下，公殊不令止〔七〕。司馬德操嘗造公，值公渡沔祀先人墓，德操徑入堂上〔八〕，呼德公妻子，使速作黍〔九〕：「徐元直向言：『有客即來就我與龐公談論〔一〇〕。』」其妻子皆羅列拜于堂下〔一一〕。須臾，德公還，直入相就，不知何者是客也〔一二〕。德操少德公十歲〔一三〕，以兄事之，呼作龐公也，故世人遂謂「公」是德公名，非也。後遂携其妻子登鹿門山，託言采藥，因不知所在。

《先賢傳》云：「鄉里舊語，目諸葛孔明爲卧龍，龐士元爲鳳雛，司馬德操爲水鏡，皆德公之題也。」

其子山民〔一四〕，亦有令名，娶諸葛孔明小姊，爲魏黄門吏部郎，早卒。

子焕〔一五〕，字世文，晉太康中，爲牂牁太守。去官，還鄉里，居荆南白沙〔一六〕，里人宗敬之，相語曰〔一七〕：「我家池裏龍來歸。」〔一八〕鄉里仰其德讓，少壯皆代老者擔。〔一九〕

校注

〔一〕「居沔水上，至老不入襄陽城」一句，原作「居峴山之南，未嘗入城府」，據《藝文類聚》、《北堂書鈔》卷一五八及《太平御覽》卷八二二改。又《北堂書鈔》誤「沔」爲「淵」，據《藝文類聚》及《太平御覽》卷八二二改；《淵鑒類函·居處部·城》所載亦同。按峴山在襄陽城南，《晉書》卷八二《習鑿齒傳》載鑿齒與桓秘書有云：「肆睇魚梁，追二德之遠。」「二德」，即龐德公和司馬德操。魚梁，洲名。《水經·沔水注》載，魚梁洲在襄陽城東沔水上。又《後漢書·龐公傳》稱，公「居峴山之南，未嘗入城府」，與《心齋》本、《説郛》本同，疑唐、宋之後誤以范曄文入習書所致。

〔二〕休息則正巾端坐　此句原無，據《初學記》補。《太平御覽》卷八二二作「休息則整巾端坐」。

〔三〕荆州牧劉表數延請　「荆州牧」，《北堂書鈔》卷一五八作「鎮南將軍」；《後漢書》本傳作「荆州刺史」。

〔四〕龜鼉穴於深泉之下　「龜鼉」，《北堂書鈔》卷一五八作「黿鱣」；《類函・地部・穴》同；《後漢書》本傳作「黿鼉」。

〔五〕每釋耕於隴上　「每」《後漢書》本傳作「因」。

〔六〕表詣而問曰　「詣」《後漢書》本傳作「指」。

〔七〕公殊不令止　「殊」，《類説》本同。《三國志》注、《後漢書》注均作「初」。

〔八〕德操徑入堂上　「堂上」，《三國志》注、《後漢書》注，均作「其室」。

〔九〕使速作黍　「速」字原無，據《三國志》注、《後漢書》注及《太平御覽》卷八五〇補。

〔一〇〕有客即來就我與龐公談論　「我與」二字萬曆本無，任兆麟據《三國志》注補。又「龐」字原無，據《三國志》注補，《後漢書》注作「德」。

〔一一〕其妻子皆羅列拜於堂下　此句萬曆本無，任兆麟據《三國志》注補。此下尚有「奔走供設」四字，任本未補入。

〔一二〕「須臾，德公還，直入相就，不知何者是客也」句，萬曆本無，任兆麟據《三國志》注補。

〔一三〕德操少德公十歲　「少」，任兆麟注稱：「《志》注作年少。」

〔一四〕其子山民　「山」原作「仙」，據《三國志》注、《後漢書》注改。

〔一五〕子煥 「煥」，《三國志》注、《後漢書》注作「涣」；而《太平御覽》卷四〇三作「奂」。

〔一六〕居荆南白沙 「居荆南白沙」句，據《白孔六帖》、《太平御覽》卷四〇三、《職官分紀》補。並參看楊守敬《水經注疏·沔水篇》疏。

〔一七〕「里人宗敬之，相語曰」句中，「宗敬之相」四字原無，據《白孔六帖》、《太平御覽》卷四〇三，並參考《職官分紀》補。

〔一八〕我家池裏龍來歸 此句《白孔六帖》、《太平御覽》卷四〇三作「我家池中龍種來」；《職官分紀》作「池中龍種來我家」。

〔一九〕此段後原尚有「德公從子統」五字。按龐德公，與子山民、孫焕爲一傳；龐統另爲一傳，其傳中有「德公之從子也」句可佐證。故「德公從子統」當爲後人妄補，故删。

龐統

題注 龐統條，據《心齋十種》本，以《三國志》卷三五、三七注，《世説新語·言語篇》注，《昭明文選》卷三六、三八注，《太平御覽》卷四四四、五一二及《説郛》卷五八校訂。《三國志》卷三七有《龐統傳》，與本條互有詳略。

龐統，字士元，德公之從子也。年少未有識者〔一〕，惟德公重之。年十八，使詣司馬德操。與語，自晝達夜，乃嘆息曰：「德公誠知人，此實盛德也，必南州士之冠冕〔二〕。」由是顯名。後劉備訪世事於德操，德操曰〔三〕：「儒生俗士，豈識時務？識時務者在乎俊傑。此間自有卧龍、鳳雛〔四〕。」備問爲誰，曰：「諸葛孔明、龐士元也。」

龐統爲郡功曹，性好人倫〔五〕，每稱詠，多過其才。時人怪而問之，統曰：「當今天下大亂，雅道陵遲，善人少而惡人多。方欲興風俗、長道業，若不美其談，則聲名不足慕〔六〕。今拔十失五，猶得其半，而可以崇長世教，使有志者常自勵，不亦可乎！」吳將周瑜卒，統送喪至吳，吳人多聞其名，陸績、顧劭、全琮皆往。統曰：「陸子可謂駑馬有逸足之力，顧子可謂駑牛能負重致遠也。」

初，劉備領荆州，統以從事守耒陽令。在縣不治，免官。魯肅與備書曰：「龐士元非百里才也。使其處治中、別駕之任，始當展其驥足耳。」備大器之，以爲治中從事。勸備入益州。備向成都，所向輒克〔七〕。於涪大會，曰：「今日之會，可爲樂矣！」統曰：「伐人之國，而以爲樂，非仁者所爲！」備醉，怒曰：「武王伐紂，前歌後舞，非仁者乎！」進圍雒縣，統帥衆攻城，爲矢所中，卒，年三十六。

統弟林婦習。

校注

〔一〕「德公之從子也。年少未有識者」句中，「德公之從子也年少」八字原無，據《世説新語》注，參考《三國志》卷三五注、《太平御覽》卷五一二及《説郛》本補。

〔二〕必南州士之冠冕　「必」字下疑奪「爲」字。《三國志·龐統傳》有「爲」字。

〔三〕德操曰　「德操」二字原無，據《三國志》卷三五注、《世説新語·言語篇》注補。

〔四〕此間自有卧龍鳳雛　「自」字原無，據《三國志》卷三五注、《世説新語·言語篇》及《太平御覽》卷四四四補；又「卧」，他本均作「伏」。

〔五〕「龐統爲郡功曹，性好人倫」句原無，據《昭明文選》卷三八任彦昇《爲范尚書讓吏部封侯第一表》注補；又《三國志》本傳，文略同。

〔六〕則聲名不足慕　據《昭明文選》卷三八任彦昇《爲范尚書讓吏部封侯第一表》注，此下有「即爲善者少」五字。

〔七〕所向輒克　「克」原作「中」，吴慶燾注稱：「輒中，疑有訛脱。」今據《三國志》本傳改。

龐林婦習氏

題注　龐林婦習氏條，據《心齋十種》本，《三國志》卷三七注，《北堂書鈔》

卷三十亦引此，又上條龐統末有「統弟林婦習」，疑此條在習書中，實爲龐統傳之附傳。

龐林婦，同郡習禎妹。禎事，在楊戲《輔臣贊》。曹操之破荆州，林婦與林分隔，守養弱女，十有餘年。後，林隨黄權降魏，始復集聚。魏文聞而賢之，賜床帳衣服，以顯其節義〔一〕。

校注

〔一〕以顯其節義　《三國志》注「節義」作「義節」。《北堂書鈔》作「節義」。

蔡瑁

題注　蔡瑁條，據《心齋十種》本。《説郛》卷五八及朱謀㙔《水經注・沔水箋》摘引甚簡。習文後引曹丕《典論》，亦係摘録，除文句顯有訛誤處據《群書治要》本載《典論》考訂外，成段遺文不補。

蔡瑁，字德珪，襄陽人。性豪自喜〔一〕，少爲魏武所親。劉琮之敗，武帝造其家，入瑁私室，見其妻子，謂曰〔二〕：「德珪，故憶往昔共見梁孟星，孟星不見人時否？聞今在此，那得面目見卿耶〔三〕？」是時，瑁家在蔡洲上，屋宇甚好，四墻皆以青石結角，婢妾數百人，別業四、五十處。

漢末，諸蔡最盛，蔡諷姊適太尉張温，長女爲黄承彦妻，小女爲劉景昇後婦，瑁之姊也。瓚，字茂珪，爲鄀相；琰，字文珪，爲巴郡太守，瑁同堂也。永嘉末，其子猶富，宗室甚强，共保於洲上，爲草賊張如所殺，一宗都盡，今無復蔡姓者〔四〕。

瑁，劉表時爲江夏、南郡、竟陵太守，鎮南大將軍軍師；魏武從事中郎、司馬，長水校尉、漢陽亭侯。

魏武雖以故舊待之，而爲時人所賤，責其助劉琮、譖劉琦故也。魏文作《典論》，以瑁成之，曰：

> 劉表長子曰琦，表始愛之，稱其類己。久之，爲少子琮納後妻之侄〔五〕，至蔡氏有寵，其弟蔡瑁〔六〕、外甥張允〔七〕，並得幸於表。憚琦之長，欲圖毀之〔八〕；又睦於琮。琮有善，雖小必聞；有過，雖大必蔽。蔡氏稱美於内，允、瑁頌德於外，愛

憎由之。而琦益疏，乃出爲江夏太守，監兵於外。瑁、允陰伺其過闕，隨而毁之，美無顯而不掩，闕無微而不露。於是，表忿怒之色日發〔九〕，誚讓之言日至，而琮竟爲嗣矣。故曰「容刃生於身疏，積愛出於近習」，豈謂是耶！昔泄柳、申詳〔一〇〕，無人乎穆公之側，不能安其身，君臣則然，父子亦猶是乎！後表疾病，琦歸省疾〔一一〕。琦慈孝，瑁、允恐其見表，父子相感，更有托後之意，謂曰：「將軍令君撫臨江夏，爲國東藩，其任至重。今釋衆而來，必見譴怒，傷親之歡〔一二〕，以增其疾，非孝敬也。」遂遏於户外，使不相見。琦流涕而去，士民聞而傷焉。表卒，琮竟嗣立，以侯印與琦，琦怒而投之〔一三〕，僞辭赴喪，有討瑁、允之意。會王師已臨其郊，琮舉州請罪，琦遂奔於江南。

校注

〔一〕性豪自喜　「喜」原作「嘉」，吴慶燾改。當據《説郛》本、《水經注》朱箋亦同。

〔二〕謂曰　「謂」原作「瑁」，吴慶燾改，注曰：「任本作『瑁曰』，詳其文義，當作『謂曰』；否則，當作『謂瑁曰』，今輒改之。」

〔三〕那得面目見卿耶　「面」原作「百」，據《説郛》本改。

〔四〕蔡氏被殺盡事，亦見於《荆州圖經》，《太平御覽》卷六九引稱：「襄陽縣南八里，峴山東南一十里，江中有蔡洲，漢長水校尉蔡瑁所居。宗族强盛，共保蔡洲，爲王如所殺，一宗都盡。」

〔五〕爲少子琮納後妻之侄　「之」原作「子」，據《群書治要》本改。

〔六〕「至蔡氏有寵，其弟蔡」八字，原作「遂愛琮而惡琦」，據《群書治要》本改。

〔七〕外甥張允　本句前原有「又」字，據《群書治要》本删。

〔八〕「憚琦之長，欲圖毁之」八字原無，據《群書治要》本補。

〔九〕表忿怒之色日發　「表」字原無，據《群書治要》本補。

〔一〇〕昔泄柳申詳　「昔」字原無，據《群書治要》本補。

〔一一〕琦歸省疾　此四字原無，據《群書治要》本補。

〔一二〕傷親之歡　此句原作「傷親親之嘆」，據《群書治要》本改。

〔一三〕琦怒而投之　「琦」字原無，據《群書治要》本補。

楊慮 許汜

題注　楊慮條，三段，據《心齋十種》本。首段與《三國志》卷四十《楊儀傳》注引《楚國先賢傳》略同。第三段稱「慮弟儀」，則習書楊儀條，本楊慮傳之附傳。

楊慮，字威方，襄陽人。少有德行，爲沔南冠冕。州郡禮重、諸公辟命，皆不能屈。年十七而夭，門徒數百人，宗其德範，號爲「德行楊君」。

許汜〔一〕，是慮同里人。少師慮，爲魏武從事中郎。事劉備，昔在劉表坐論陳元龍者〔二〕，其人也。

慮弟儀。

校注

〔一〕許汜　「汜」原作「洗」，據《三國志》卷七《吕布傳》、《陳登傳》及注引《英雄記》改；又盧弼《三國志集解》引《襄陽耆舊傳》，「洗」亦作「汜」。

〔二〕昔在劉表坐論陳元龍者　「龍」原作「德」，據《三國志》卷七《陳登傳》改。盧弼《三國志集解》引《襄陽耆舊傳》，「德」亦作「龍」。

楊儀

題注 楊儀條，據《心齋十種》本，他書不見摘引。按本條與《三國志》卷四十《楊儀傳》同，而文字簡略，疑習文即本陳壽書而稍作删削。

楊儀，字公威〔一〕，爲蜀相諸葛亮長史，加綏軍將軍。亮出軍，儀常規劃分部，籌度糧穀，不稽思慮，須臾便了，軍戎節度，取辦於儀。十二年，亮出屯谷口，卒子敵場，全軍而還；又誅討魏延。自以爲功勛至大，當代亮。而方拜中軍師，無所統領，從容而已。遂大怨憤，謂費禕曰：「往者，吾若舉軍就魏，寧當落度如此？令人追悔，不可更及！」禕表其言，坐徙。儀復上書誹謗，詞旨激切，遂下郡收儀，自殺。

校注

〔一〕字公威　「公威」《三國志·楊儀傳》作「威公」。

繁仲皇

題注 繁仲皇條，據《心齋十種》本。《説郛》卷五八亦載。《心齋十種》本目録疏漏。《晉書》卷八二《習鑿齒傳》載鑿齒與桓秘書有云：「裴、杜之故居，王、繁之舊宅。」《太平御覽》卷一八〇引《襄沔記》：「繁欽宅、王粲宅，並在襄陽，井臺猶存。」繁姓少見，仲皇或即潁川南徙襄陽之繁欽同宗。繁欽事見《三國志》卷二一《王粲傳》注引《典略》。

繁仲皇〔一〕，襄陽人，爲青州刺史。自爾以來，雖無名德、重位，世世作書生門户〔二〕。

校注

〔一〕繁仲皇 《説郛》及《圖書集成·氏族典》引此，「繁仲皇」前有「後漢」二字。

〔二〕世世作書生門户 此句吴慶燾注云：「『書生』，或作『諸生』，未知何據。」

習詢 習竺

題注　習詢、習竺條，兩段。首段，據《心齋十種》本；二段，據《北堂書鈔》卷一〇四補。據後李衡條，習竺女英習，嫁吴丹陽太守李衡，則習竺應爲東漢末年人。

習詢，習竺，才氣鋒爽。

習竺與劉昇右，同安公硯書。〔一〕

校注

〔一〕《北堂書鈔》卷一〇四孫星衍等注云：「此條有脱訛。前（俞羨長）本删；陳（心抑）本，改注《晉書》劉弘、《世語》曹爽二事，非也。」

習承業

題注　習承業條，據《心齋十種》本。按《華陽國志》卷三《蜀志》稱，江陽郡，「本犍爲枝江都尉，建安十八年置郡」。習承業爲江陽太守，當係從劉備入川後事。又《三國會要》卷十稱，蜀漢「邊郡皆置都督，領兵屯守」，承業「都督龍鶴」，或亦邊郡都督。

習承業，博學有才鑒，歷江陽、汶山太守，都督龍鶴諸事〔一〕。

校注

〔一〕都督龍鶴諸事　吴慶燾注云：「末句疑有脱訛。」「諸」下疑應有「軍」字。「都督……諸軍事」爲魏晉常語。

習藹

題注　習藹條，據《心齋十種》本。清乾隆二十五年《襄陽府志》卷二十六《耆舊·三國部》據舊志稱：「習詢、習竺，才氣鋭爽；習藹有威儀，善談論；習承業博學有才鑒，歷江陽、汶山太守，都督龍鶴諸事。俱郁之後。」

習藹，有威儀，善談論。

習珍

題注　習珍條，據《心齋十種》本，以《太平御覽》卷四一七引《襄陽耆舊傳》文校訂。

劉備以習珍爲零陵北部都尉〔一〕，加裨將軍。孫權殺關羽，諸縣響應。欲保城不降，珍弟曰：「驅甚崩之民，當乘勝之敵，甲不堅密，士不素精，難以成功。不如暫屈節於彼，然後立大效以報漢室也。」珍從之。乃陰約樊胄等舉兵，爲權所破。珍舉七縣，自號邵陵太守，屯校夷界以事蜀。

孫權遣潘濬討珍〔二〕，所至皆下，唯珍所部數百人登山自將〔三〕。濬數書喻使降，不答。濬單將左右，自到山下，求與交語。珍遂謂曰：「我必爲漢鬼，不爲吴臣，不可逼也。」因引射濬，濬還。濬攻珍，圍守月餘〔四〕，糧箭皆盡，珍謂群下曰〔五〕：「珍受漢中王厚恩〔六〕，不得不報之以死；諸君何爲者！」即仗劍自裁。

劉備聞珍敗，爲發喪，追贈邵陵太守。張邵伯難習宏，曰：「若亡國之大夫，不可以訪事；敗軍之將，不足以言勇，則商之箕子，當見捐於昔日；趙之廣武君，無能振策於一世也。」

後，賊發其漢末先人墓，掘習郁冢作炭竈，時人痛之。

珍子温。

校注

〔一〕劉備以習珍爲零陵北部都尉　「劉備以」三字原無，據《太平御覽》補。

〔二〕孫權遣潘濬討珍　「孫權遣」三字原無，據《太平御覽》補。

〔三〕唯珍所部數百人登山自將　「人」、「自將」原無，據《太平御覽》補。

〔四〕「濬攻珍，圍守月餘」句原作「共攻月餘」，據《太平御覽》改。

〔五〕珍謂群下曰　「珍謂群下」四字原無，據《太平御覽》補。

〔六〕珍受漢中王厚恩　「珍」、「中王」原無，據《太平御覽》補。

習温子宇

題注　習温條，據習珍條末「珍子温」，疑係附傳。本條五段：一、二兩段，據《心齋十種》本，《説郛》卷五八同；以《太平御覽》卷六三四校訂第二段。第三段，吴慶燾據《太平御覽》卷四四四補；以《三國志》卷六一《潘濬傳》校訂。第四、五兩段，吴慶燾據《三國志・潘濬傳》補；以《太平御覽》卷二六五校訂。

習温，識度廣大，歷長沙、武昌太守，選曹尚書，廣州刺史。從容朝位三十年，不立名迹，不結權豪。飲酒一石乃醉。有別業在洛上，每休沐，常宴其中。長子宇，爲執法郎〔一〕。曾取急歸〔二〕，趨車乘道，賓從甚盛〔三〕。温怒，杖宇，責之曰〔四〕：「吾聞生於亂世，貴而能貧，始可以亡患；況復以侈靡競乎！」

潘濬見習温十數歲時〔五〕，曰：「此兒名士，必爲吾州里議主。」敕子弟與善。温後果爲荆州大公平〔六〕。

大公平，今之州都。晉朝以江表始通，人物未悉，使江南別立大中正〔七〕。

潘秘過辭於温〔八〕，問曰：「先君昔曰君侯當爲州里議主，今果如其言。不審州里誰當復相代者?」温曰:「無過於君也。」後,秘爲尚書僕射,代温爲公平,甚得州里之譽。

校注

〔一〕爲執法郎　「爲」字原無,據《太平御覽》補。

〔二〕曾取急歸　「歸」字原無,據《太平御覽》補。

〔三〕賓從甚盛　「賓」字原無,據《太平御覽》補。

〔四〕杖宇責之曰　「宇責」二字原無,據《太平御覽》並參考《説郛》本補。

〔五〕潘濬見習温十數歲時　「濬」《太平御覽》作「汜」,據《三國志·潘濬傳》及注引《襄陽記》改。

〔六〕温後果爲荆州大公平　「大公平」《太平御覽》作「太公平令」,據《三國志·潘濬傳》注,「太」爲「大」之訛;「大公平令」,疑爲「大公平,今之州都」句之省誤。

〔七〕自「晉朝」至「大中正」十九字,據《太平御覽》卷二六五、參看《職官分紀》卷四十補。吴本將此另立一條,標目爲「大中正」,附於卷二人物末,與習書體例不合;「大公平,今之州都」爲習鑿齒指東晉而言,此州都,即晉平吴之後别立於江南之大中正,故暫繫於此。

〔八〕潘秘過辭於温　《三國志·潘濬傳》注「秘過辭於温」,與上句「今之州都」不相銜接,故今置於據《太平御覽》所補十九字之後，另起段，並據《潘濬傳》注引《吴書》，補一「潘」字。

習　楨子忠、孫隆

題注　習楨條，《心齋十種》本無，吴慶燾據《三國志》卷四五《楊戲傳》載楊戲《季漢輔臣贊》裴注引《襄陽記》補。今移置黄承彦條前。

習楨〔一〕，有風流，善談論，名亞龐統，而在馬良之右。子忠，亦有名。忠子隆，爲步兵校尉，掌校秘書。

校注

〔一〕習楨　《三國志·楊戲傳·季漢輔臣贊》陳壽原注云：「文祥，名楨，襄陽人也。隨先主入蜀，歷雒、郫令，（南）廣漢太守。失其行事。子忠，官至尚書郎。」

黄承彦

題注 黄承彦條，據《心齋十種》本，《説郛》本全同。據《三國志》卷三五《諸葛亮傳》注，《初學記》卷一九，《太平御覽》卷三八二、四九六，《墨娥漫録》引《襄陽耆舊傳》及《襄陽記》校訂。

黄承彦，高爽開朗〔一〕，爲沔南名士。謂孔明曰：「聞君擇婦，身有醜女，黄頭黑面〔二〕，才堪相配。」孔明許，即載送之。時人以爲笑樂，鄉里爲之諺曰：「莫作孔明擇婦，正得阿承醜女！」

校注

〔一〕高爽開朗　此句《三國志》注及《墨娥漫録》作「高爽開列」。

〔二〕黄頭黑面　「面」《三國志》注作「色」。

胡寵

題注 胡寵條，《心齋十種》本無，據《後漢書》卷四四《胡廣傳》注補。按胡廣，東漢時人，家居南郡華容縣，故暫置胡寵於卷一人物，以待後證。

廣父名寵。寵妻生廣，早卒。寵更娶江夏黄氏，生康，字仲始。

秦頡

題注 秦頡條，《心齋十種》本無，吴慶燾輯自《太平御覽》卷五五六，題作「秦頡冢」。按《北堂書鈔》卷九四亦録，文稍異。《後漢書》卷八《靈帝紀》載，中平元年三月南陽黄巾張曼成擊殺郡守褚貢，六月，南陽太守秦頡擊張曼成，斬之。三年二月，江夏兵趙慈反，殺南陽太守秦頡。又據《水經・沔水注》，秦頡，「鄀人」，故移置卷一人物類。熊會貞云：《水經注》載秦頡事，本出於《襄陽耆舊傳》。因此，於條末出校注，附《水經注》有關文字。

秦頡〔一〕，字初起〔二〕。頡之南陽，過宜城中〔三〕，一家東向大道，住車視之，曰：「此居處可作冢。」後，喪還至此住處，車不肯行，故吏爲市此宅葬之。今宜城中大冢前有二碑是也。〔四〕

校注

〔一〕秦頡　此二字前，《北堂書鈔》有「帝時」二字，又「頡」《北堂書鈔》作「鶺」。

〔二〕字初起　「初起」《北堂書鈔》作「幼起」。

〔三〕過宜城中　「過宜城」《北堂書鈔》作「道宜城」。

〔四〕此條《水經·沔水注》云：「(秦)頡，鄀人也，以江夏都尉出爲南陽太守，徑宜城中，見一家東向，頡住車視之，曰：『此居處可作冢。』後卒於南陽，喪還，至昔住車處，車不肯進，故吏爲市此宅葬之。孤墳尚整。」

黄穆

題注　黄穆條，《心齋十種》本無。吴慶燾據《太平御覽》卷四九二補。按

《北堂書鈔》卷七五、七六，《太平御覽》卷二二，亦摘引此條，據諸書以校訂。《後漢書》卷六七《黨錮・范滂傳》，有鄉人黄穆。滂，汝南人。未知是否即此黄穆。

黄穆，字伯開，博學，養門徒。爲山陽太守，有德政，致甘露、白兔〔一〕、神雀、白鳩之瑞。弟敻〔二〕，字仲開，爲武陵太守，貪穢無行。武陵人歌曰：「天有冬夏，人有二黄。」言不同也。朝廷以黄穆代之〔三〕。

校注

〔一〕白兔 「兔」《北堂書鈔》卷七五作「鳥」。

〔二〕弟敻 「敻」原作「奐」，據《北堂書鈔》陳心抑、俞羨長本卷七六改；《淵鑒類函》録此同。

〔三〕朝廷以黄穆代之 此七字原無，據《北堂書鈔》卷七六補。

卷二　人物

漢

馬　良子秉

題注　馬良條，據《心齋十種》本；《説郛》卷五八僅録首段。按馬良條全文，與《三國志》卷三九《馬良傳》略同。又馬謖條當爲附傳。

馬良，字季常，襄陽宜城人也。兄弟五人，並有才名，而良稱「白眉」〔一〕。先主領荆州，辟良爲從事。

諸葛入蜀，良與書曰：「雒城已拔，殆天祚也。兄應期贊世，配業光國，魄兆見矣。夫變用雅慮，審貴垂名，於以簡才，宜適其時。若乃和光悦遠，邁德天壤，使時閑於聽，世服於道，齊高妙之音，正鄭、衛之聲，並利於事，無相奪倫，此管弦之至，牙、曠之調也。雖非鍾期，敢不擊賞！」亮聞之，以爲知言，深器重之。

先主辟良爲左將軍掾，後遣使東吳，修好於孫權。良謂亮曰：「今衘國命，協睦二家，幸爲良介於孫將軍，可乎？」亮曰：「君試自爲文。」良即草曰：「寡君遣掾馬良通聘繼好，以紹昆吾、豕韋之勛。奇人吉士〔二〕，荆楚之令，鮮於造次之華，而有克終之美。願降心存納，以慰將命。」

先主稱尊號，以爲侍中。及東征吴，遣良入武陵，招納五溪蠻夷。蠻夷渠帥，皆受印號，咸如意指。會先主敗績於夷陵，良亦遇害。

子秉，爲騎都尉。

良弟謖。

校注

〔一〕而良稱白眉　此句吴慶燾注云：「『白眉』下疑有脱句。」《淵鑒類函》引《襄陽耆舊傳》有「馬氏五常，白眉最良。馬良眉中有白毛，故以稱之」四語，疑原於稱「白眉」下，當作「故時人語曰：馬氏五常，白眉最良」，下接先主云云。按《淵鑒類函·人部·眉》引《襄陽耆舊傳》有此四語，與《三國志·馬良傳》全同；若習書真如此，則其馬良條幾乎全録陳壽書。

〔二〕奇人吉士　按《三國志·馬良傳》所載良文，「奇」作「其」。

馬謖

題注 馬謖條，據《心齋十種》本。本條共分五段，第一、三兩段，與《三國志》卷三九《馬良附弟謖傳》互有詳略；第二、四、五等三段，與謖傳裴注引《襄陽記》載同；第三、四兩段，《太平御覽》卷六四三摘引。本條即以上述諸書校訂。

馬謖，字幼常，以荆州從事入蜀，歷綿竹、成都令，越巂太守。長八尺，才器過人，善與人交，好論軍旅，亮深器異。先主臨薨，謂亮曰：「馬謖言過其實，不可大用也。」亮猶謂不然，以爲參軍，每引見談論，自晝達夜。

建興三年，亮征南中，謖送之數十里。亮語曰：「雖共謀之歷年，今可更惠良規。」謖對曰〔一〕：「南中恃其險遠，不服久矣。雖今日破之，明日復反耳。今公方傾國北伐，以與强賊，彼知國勢内虚〔二〕，其叛亦速。若盡殄遺類，以除後患，既非仁者之情，且不可倉卒也。夫用兵之道，攻心爲上，攻城爲下；心戰爲上，兵戰爲下：願公服其心而已。」亮納其策，赦孟獲以服南方。終亮之世，南方不敢復反。

建興六年，亮出軍向祁山，使謖統大軍向前。爲魏將張郃所破，坐此下獄，死時，年三十九。

謖臨終與亮書曰：「明公視謖猶子，謖視明公猶父，願推殛鯀興禹之義，使生平之交，不虧於此。謖雖死無恨於黄壤也。」於時，十萬之衆爲之垂泣。亮自臨祭，待其遺孤若平生。

蔣琬後詣漢中，謂亮曰：「昔楚殺得臣，然後文公喜可知也。天下未定而戮智計之士，豈不惜乎！」亮流涕曰：「孫武所以能制勝於天下者，用法明也。是以揚干亂法，魏絳戮其僕。今四海分裂，兵交方始，若復廢法，何用討賊耶！」

校注

〔一〕謖對曰　「對」字原無，據《三國志》注補。

〔二〕彼知國勢内虚　「國」《三國志》注作「官」。

楊顒

題注 楊顒條，據《心齋十種》本。以《三國志》卷四五《楊戲傳》載戲著《季漢輔臣贊》裴注引《襄陽記》及《北堂書鈔》卷六九摘引《襄陽記》等校訂。《太平御覽》四五七引《楚國先賢傳》與前二段略同。

楊顒，字子昭，襄陽人也〔一〕。入蜀〔二〕，爲巴郡太守〔三〕，丞相諸葛亮主簿〔四〕。

亮嘗自校簿書〔五〕，顒直入諫曰：「爲治有體〔六〕，上下不可相侵。請爲明公以家主喻之：今有人使奴執耕稼〔七〕，婢典炊爨〔八〕，鷄主司晨〔九〕，犬主吠盜，牛負重載，馬涉遠路，私業無曠，所求皆足，雍容高枕〔一〇〕，飲食而已。忽一旦盡欲身親其役，不更付任，勞此體力，爲此碎務，形疲神耗〔一一〕，終無一成。豈其智不如奴婢鷄犬哉？失爲家主之法也。故古人稱坐而論道，謂之三公；作而行之，謂之卿大夫。故邴吉不問橫屍而憂牛喘，陳平不肯對錢穀〔一二〕，云自有主者，彼誠達於位分之體也〔一三〕。今明公爲治〔一四〕，親自校簿書〔一五〕，流汗竟日，不亦勞乎！」亮謝之。後爲東曹屬〔一六〕，典選舉。

及顒死，亮泣三日。與蔣琬書曰：「天奪吾楊顒，則朝中多損益矣！」

校注

〔一〕襄陽人也　「襄陽人」《三國志》注作「楊儀宗人」。

〔二〕入蜀　此二字原無，據《三國志》注補。

〔三〕爲巴郡太守　「巴郡太守」四字原無，據《三國志》注補。

〔四〕丞相諸葛亮主簿　「諸葛」二字原無，據《三國志》注補。

〔五〕亮嘗自校簿書　「嘗」字原無，據《三國志》注補。

〔六〕爲治有體　「體」原作「區分」，據《三國志》注及本條第二段「位分之體」改；《北堂書鈔》「體」作「職」。

〔七〕今有人使奴執耕稼　此句原作「今有人於此使奴耕種」，據《三國志》注改。

〔八〕婢典炊爨　「典」原作「主」，據《三國志》注改。

〔九〕鷄主司晨　「司」原作「引」，據《三國志》注改。

〔一〇〕雍容高枕　「枕」原作「拱」，據《三國志》注改。

〔一一〕形疲神耗　「耗」《三國志》注作「困」。

〔一二〕陳平不肯對錢穀　「不肯對錢穀」，《三國志》注作「不肯知錢穀之數」。

〔一三〕彼誠達於位分之體也　「位」原作「德」，據《三國志》注改。

〔一四〕今明公爲治　「治」原作「理」，據《三國志》注及本條第二段有「爲治有體」改。

〔一五〕親自校簿書　「親」《三國志》注作「躬」。

〔一六〕後爲東曹屬　「後」字後原有「嘗」字，據《三國志》注删。

向朗

題注　向朗條，據《心齋十種》本。全條四段，第一、四兩段，《三國志》卷四一《向朗傳》注引；第一、二、三三段，與《三國志·向朗傳》略同，而較本傳簡略。

向朗，字巨達，襄陽宜城人。少師事司馬德操〔一〕，與徐元直、韓德高、龐士元皆親善。

劉表以爲臨沮長。表卒，歸先主，爲巴西、牂牁、房陵太守。及後主立，爲步兵校尉、丞相長史。朗素與馬謖善，謖既亡，朗知情不舉〔二〕，遂因之免官。亮卒後，徙左將軍，追論前功，封顯明亭侯。

朗少時雖涉獵文學，然不治素檢，以吏能見稱。自去長史，優游無事垂三十年〔三〕，乃更潛心典籍，孜孜不倦，年逾八十，猶手自校書，刊定謬誤，積聚篇卷，於時最多。開門接賓，誘納後進，但講論古義，不干時事，以是見稱。上自執政，下至童冠，皆敬重焉。

延熙十年卒〔四〕。遺言誡子曰：「傳稱『師克在和不在衆』，此言天地和則萬物生，君臣和則國家平，九族和則動得所求、静得所安，是以聖人守和，以存以亡也〔五〕。吾，楚國之小子耳〔六〕，早喪所天，爲二兄所誘養，使其性行不隨禄利而墮。今但貧耳，貧非人之患也，唯和爲貴〔七〕，汝其勉之。」

校注

〔一〕少師事司馬德操　「師」字原無，據《三國志》注補。

〔二〕朗知情不舉　「朗」原作「明」，據《三國志》注改。

〔三〕優游無事垂三十年　《三國志・向朗傳》「垂三十年」下，裴松之案：「朗坐馬謖免長史，則建興六年中也。朗至延熙十年卒，整二十年耳，此云『三十』，字之誤也。」裴説是，習氏録陳壽書而襲其誤，故裴氏之注亦適用於此。

〔四〕延熙十年卒　「熙」原作「禧」，據《三國志・向朗傳》改。「延熙」，後主年號，「熙」、「禧」音近而詭。

〔五〕「是以聖人守和，以存以亡也」十一字原無，為任兆麟據《三國志》注補。

〔六〕楚國之小子耳　此六字原無，據《三國志》注補。

〔七〕唯和爲貴　此四字原無，為任兆麟據《三國志》注補。

向條

題注　向條條，據《心齋十種》本。《三國志》卷四一《向朗傳》注引出此條。按《向朗傳》載，朗「子條，景耀中，爲御史中丞」。知條爲朗子，事迹少，應爲朗之附傳，條首當爲「子條，字文豹」云云。

向條，字文豹，亦博學多識。入晉，爲江陽太守、南中軍司馬、御史中丞。朗兄子寵〔一〕。

校注

〔一〕朗兄子寵　「朗」字原無，據《三國志·向朗傳》補。按向寵、向充，是向朗兄之子，與向條爲從兄弟。《心齋十種》本漏一「朗」字，則晚一輩。向條條而有「朗兄子寵」句，亦説明條本朗之附傳。

向寵

題注　向寵條，據《心齋十種》本。與《三國志》卷四一《向朗附兄子寵傳》同而稍略。

向寵，先主時，爲牙門將。秭歸之敗，寵營特全。後爲中部督，典宿衛兵〔一〕。諸葛亮當北行，表曰：「將軍向寵，素行淑均〔二〕，曉暢軍事，試用於昔，先帝稱之曰能，是以衆議舉寵爲督。愚以爲營中之事〔三〕，悉以諮之，必能使行陳和睦，優劣得所。」

弟充。

校注

〔一〕典宿衛兵　「宿」原作「審」，據《三國志·向朗附兄子寵傳》改。

〔二〕素行淑均　「素」《出師表》作「性」。

〔三〕愚以爲營中之事　「營」原作「軍」，據《三國志》卷三五《諸葛亮傳》載《出師表》改。

向充

題注　向充條，據《心齋十種》本。此條四段：第一段，與《三國志》卷四一《向朗附兄子充傳》全同；第二段，以《三國志》卷三五注、《北堂書鈔》卷三五、八八，《太平御覽》卷五二及《墨娥漫録》校訂；第三、四兩段，以《三國志》卷四一及《墨娥漫録》校訂。

向充，歷射聲校尉、尚書。

諸葛亮初亡，所在各求爲立廟，朝議以禮秩不聽〔一〕，百姓遂因時節私祭之於道陌上。言事者或以爲可聽立廟於成都者，後主不從。充時爲中書郎，與步兵校尉習隆共上表曰〔二〕：「臣聞周人懷召伯之德，甘棠爲之不伐；越王思范蠡之功，鑄金以存其像。自漢興以來，小善小德而圖形立廟者多矣，況亮德範遐邇，勳蓋季世，王室之不壞〔三〕，實斯人是賴。而烝嘗止於私門，廟像闕而莫立，使百姓巷祭，戎夷野祀，非所以存德念功，追述在昔也。今若盡順民心，則瀆而無典；建立京師，又逼宗廟，此聖懷所以惟疑也。臣愚以爲宜因近其墓〔四〕，立之于沔陽，使所親屬以時賜祭，凡其臣故吏欲奉祠者，皆限至廟，斷其私祀，以崇王禮。」于是始從之。

魏咸熙元年六月，鎮西將軍衛瓘至成都，得璧玉印各一枚，文似「成信」字〔五〕。魏人宣示百官，藏之於相府〔六〕。充聞之，曰：「吾聞譙周之言：『晉穆侯名太子曰仇，弟曰成師，始兆亂矣，兄其替乎？』後果如言。先帝諱備，其訓具也；安樂公諱禪〔七〕，其訓授也。如言劉已具矣，當授與人也。今中撫軍名炎，而漢年極於『炎興』，瑞出成都，而藏之於相府〔八〕，此殆天意也。」是歲，拜充爲梓潼太守〔九〕，明年十二月，晉武帝即尊位〔一〇〕，炎興於是乎應焉〔一一〕。

校注

〔一〕朝議以禮秩不聽　「禮秩不聽」，《三國志》注及《墨娥漫録》同；《北堂書鈔》卷八八及《太平御覽》卷五二六均作「不合」。

〔二〕「充時爲中書郎，與步兵校尉習隆共上表曰」句中，「充時爲中書郎，與步兵校尉習隆」十三字，《三國志》注及《墨娥漫録》作「步兵校尉習隆、中書郎向充等」。

〔三〕王室之不壞　此句前原有「興」字，據《三國志》注删。

〔四〕臣愚以爲宜因近其墓　「爲」字原無，據《三國志》注補。

〔五〕文似成信字　「文」字原無，據《三國志》注補。

〔六〕藏之於相府　「相府」《三國志》注作「相國府」。

〔七〕安樂公諱禪　「安樂公」《三國志》注作「後主」。

〔八〕而藏之於相府　「相府」《三國志》注作「相國府」。

〔九〕「是歲，拜充爲梓潼太守」九字原無，據《三國志》注補。

〔一〇〕晉武帝即尊位　「帝」字原無，據《三國志》注補。

〔一一〕炎興於是乎應焉　「乎」字原無，據《三國志》注補。又，此下原尚有一段作：「孫盛曰：『昔公孫述自以起成都，號曰成氏，二玉之文，殆述所作乎！』」此非習文，故删。《心齋十種》本未知為何録此，暫置於校記，以供研究者參考。

廖化

題注　廖化條，據《心齋十種》本。《説郛》卷五八録此條至「爲亮參軍」。《三國志》卷四五有《廖化傳》，此條與之同而稍有簡略。

廖化，本名淳，中盧人也，世爲沔南冠族。爲關羽前將軍主簿，敗没於吴。思嚮劉備，乃詐死，因將老母晝夜西奔備於秭歸。備大悦，以爲宜都太守，爲亮參軍。稍遷至右車騎將軍，假節，領并州刺史〔一〕，封中鄉侯。以果烈稱，官位與張翼齊而在宗預之右〔二〕。

咸熙元年春，内徙洛，道病卒。

校注

〔一〕領并州刺史　「領」字後原有「前」字，據《三國志·廖化傳》删。

〔二〕官位與張翼齊而在宗預之右　「位」原作「德」，據《三國志·廖化傳》改。

董恢

題注 董恢條，據《心齋十種》本。《三國志》卷三九《董允傳》注引此條；《説郛》卷五八摘録此條。據此校訂。

董恢，字休緒，襄陽人。事先主爲宣信中郎。費禕使吴，恢副之〔一〕。孫權嘗大醉，問禕曰〔二〕：「楊儀、魏延，牧豎小人也，雖嘗有鳴吠之益於時務，然既已任之，勢不得輕，若一朝無諸葛亮，必爲禍亂矣。諸君憒憒，不知防慮，豈所謂貽厥孫謀乎？」禕愕然四顧，不能即答〔三〕。恢目禕曰〔四〕：「可速言〔五〕，儀、延之不協，起於私忿耳，非有黥、韓難馭之心。今方掃除强寇，混一區夏，功以才成，業由才廣，捨此不任，防其後患，是猶備風波而逆廢舟楫，非長計也。」權大笑樂〔六〕。諸葛亮聞之，以爲知言。還，未滿三日，辟爲丞相府屬〔七〕，遷巴郡太守。

侍中董允等共期遊宴，即命解驂。〔八〕

校注

〔一〕「事先主爲宣信中郎。費禕使吴，恢副之」一句，《説郛》本亦同；而《三國志》注作：「入蜀,以宣信中郎副費禕使吴。」

〔二〕問禕曰　「禕」字原無,據《三國志》注補。

〔三〕不能即答　「即」字原無,據《三國志》注補。

〔四〕恢目禕曰　「目禕」二字原無,據《三國志》注補。

〔五〕可速言　三字原無,據《三國志》注補。

〔六〕權大笑樂　「樂」字原無,據《三國志》注補。

〔七〕辟爲丞相府屬　「辟」原作「解」,據《三國志》注及《説郛》本改。

〔八〕此段語意不明,《説郛》本同。據《三國志》卷三九董允傳,允嘗與費禕、胡濟等「共期遊宴,嚴駕已辦」,而恢來訪,允即「命解驂」,「罷駕不行」。故知此處必有脱文。

張悌

題注　張悌條共三段,《心齋十種》本祇存第一、三兩段,今據《三國志》卷四八《孫皓傳》注及《昭明文選》卷五三陸士衡《辨亡論上》注、《太平御覽》卷四一七摘引校補。

張悌，字巨先〔一〕，襄陽人。少有名理，孫休時爲屯騎校尉〔二〕。孫皓時爲丞相，封山都侯。

魏伐蜀，吴人問悌曰：「司馬氏得政以來，大難屢作，智力雖豐，而百姓未服也。今又竭其資力，遠征巴蜀，兵勞民疲而不知恤，敗於不暇，何以能濟？昔夫差伐齊，非不克勝，所以危亡，不憂其本也，况彼之争地乎！」悌曰：「不然。曹操雖功蓋中夏，威震四海，崇詐杖術，征伐無已，民畏其威，而不懷其德也。丕、叡承之，係以慘虐，内興宫室，外懼雄豪，東西馳驅，無歲獲安，彼之失民，爲日久矣。司馬懿父子，自握其柄，累有大功，除其煩苛而布其平惠，爲之謀主而救其疾，民心歸之，亦已久矣。故淮南三叛而腹心不擾，曹髦之死，四方不動，摧堅敵如折枯，蕩異同如反掌，任賢使能，各盡其心，非智勇兼人，孰能如之？其威武張矣，本根固矣，群情服矣，姦計立矣。今蜀閹宦專朝，國無政令，而玩戎黷武，民勞卒弊，競於外利，不修守備。彼强弱不同，智算亦勝，因危而伐，殆其克乎！若其不克，不過無功，終無退北之憂，覆軍之慮也，何爲不可哉？昔楚劍利而秦昭懼，孟明用而晉人憂，彼之得志，故我之大患也。」吴人笑其言，而蜀果降於魏〔三〕。

晉來伐吴〔四〕，皓使悌督沈瑩〔五〕、諸葛靚，率衆三萬，渡江逆之。至牛渚，沈瑩曰：

「晉治水軍於蜀久矣，今傾國大舉，萬里齊力，必悉益州之衆浮江而下。我上流諸軍，無有戒備，名將皆死，幼少當任，恐邊江諸城，盡莫能御也。晉之水軍，必至於此矣！宜畜衆力，待來一戰。若勝之日，江西自清，上方雖壞，可還取之。今渡江逆戰，勝不可保，若或摧喪，則大事去矣。」悌曰：「吴之將亡，賢愚所知，非今日也。吾恐蜀兵來至此，衆心必駭懼，不可復整。今宜渡江，可用決戰力争。若其敗喪，則同死社稷，無所復恨。若其克勝，則北敵奔走，兵勢萬倍，便當乘威南上〔六〕，逆之中道，不憂不破也。若如子計，恐行散盡，相與坐待敵到，君臣俱降，無復一人死難者，不亦辱乎！」遂渡江戰，吴軍大敗〔七〕。諸葛靚與五六百人退走，使過迎悌〔八〕，悌不肯去〔九〕，靚自牽之，曰：「巨先〔一〇〕，天下存亡有大數，豈卿一人所知，何故自取死爲？」悌垂泣曰：「仲思，今日是我死日也。且我作兒童時，便爲君家丞相所拔，常恐不得死〔一一〕，負名賢知顧。今日以身殉社稷，復何所遁耶〔一二〕？莫牽拽我〔一三〕！」靚收泪放之，去百步餘，已見爲晉軍所殺〔一四〕。

校注

〔一〕字巨先　此三字原無，據《三國志》注補。

〔二〕「少有名理，孫休時爲屯騎校尉」十二字原無，據《三國志》注補。

〔三〕自「魏伐蜀」至「蜀果降於魏」一段三百五十字原無，據《三國志》注補。

〔四〕晉來伐吴　「來」字原無，據《三國志》注補。

〔五〕皓使悌督沈瑩　此六字原無，據《三國志》注補。

〔六〕便當乘威南上　「南」，當作「西」。

〔七〕自「率衆三萬」至「吴軍大」二百三十二字原無，據《三國志》注補。

〔八〕「諸葛靚與五六百人退走，使過迎悌」十四字原無，據《三國志》注補。又，此下原有「亮曰：君試自爲之」一句，與上下語氣不接，必有訛誤，故删略。

〔九〕悌不肯去　「肯」字原無，據《三國志》注補。

〔一〇〕巨先　此二字《三國志》注原作「且夫」，標點本據殿本考證，改正爲「巨先」。從之。

〔一一〕常恐不得死　「常」原作「嘗」，據《三國志》注改。

〔一二〕復何所遁耶　「復何所遁」《三國志》注作「復何遁」。

〔一三〕莫牽拽我　此四字《三國志》注作「莫牽曳之如是」。

〔一四〕已見爲晉軍所殺　「已見」二字原無，據《三國志》注補。

李衡

題注　李衡條，據《心齋十種》本。據《三國志》卷四八《孫休傳》注及《藝文類聚》卷六四、八六，《初學記》卷二八，《太平御覽》卷四四四、六八一、九六六，《類説》卷二，《説郛》卷五八校訂。

李衡，字叔平，本襄陽卒家子也〔一〕，漢末，父將走入吴，以下户調爲武昌渡民〔二〕。聞羊衜有人物之鑒，往干之，衜曰：「多事之世，尚書劇曹郎才也。」〔三〕勸習竺以女配之〔四〕。

是時，校事吕壹操弄權柄，大臣畏逼，莫有敢言，衜曰：「非李衡無能困之者。」遂共薦爲郎。權引見，衡口陳壹姦短數千言，權有愧色。數月，壹被誅〔五〕，而衡大見顯擢。〔六〕

後嘗爲諸葛恪司馬，干恪府事。恪被誅，求爲丹陽太守〔七〕。時孫休在丹陽〔八〕，衡數以法繩之。英習每諫曰：「賤而凌貴，疏而間親，取禍之道。」衡不從。會孫亮廢，休立〔九〕，衡從門入，英習逆問曰：「何故有懼色？琅邪王立邪？」衡曰：「然。不用卿語，已至如此！」遂白其家客〔一〇〕，欲奔魏。英習固諫曰：「不可。君本渡民耳〔一一〕，先帝相拔過重，既數作無禮而不遠慮，又復逆自猜嫌，逃叛求活，以此北歸，何面目見人！」衡曰：「計何所出？」英習曰：「琅邪王素好善慕名，博學深廣，多見以德報怨之義。今初立，方欲自達於天下，終不以私嫌殺君明矣。君意自不了者，可自囚詣獄，表列前失，顯求其罪〔一二〕。如此，乃當復反見優饒，非直活而已也。」衡從之，果下令曰：「丹陽太守李衡，以往事之嫌，自拘有司。夫射鈎斬袪，在古爲忠，遣衡還郡，勿令自疑。」加威遠將軍，授之棨戟。

武陵人以衡家武陵，遂記録云是其郡人，非也。衡每欲治家事，英習不聽。後密遣客十人，往武陵龍陽泛洲上作宅，種甘橘千株〔一三〕。臨死，敕兒曰：「汝母每怒吾治家事，故窮如是。然吾州里有千頭木奴，不責汝衣食〔一四〕，歲上匹絹，亦當足用爾！」衡既亡後二十餘日，兒以白母〔一五〕，英習曰：「此當是種柑橘也〔一六〕。汝家失十户客來七八年〔一七〕，必汝父遣爲宅。汝父恒稱太史公言：『江陵千樹橘，當封君家。』吾答云：『士患無德義，不患不富。若貴而能貧方好耳，用此何爲！』」吳末，衡柑橘成〔一八〕，歲得絹數千匹，家道富足。晉咸康中，其宅上枯樹猶在〔一九〕。

校注

〔一〕本襄陽卒家子也　此句原作「襄陽人」，據《三國志》注改。

〔二〕自「漢末」至「渡民」句原無。《三國志》注作「漢末入吴，爲武昌庶民」。此據《太平御覽》卷四四四補。

〔三〕自「聞羊衜」至「才也」二十四字原無，據《三國志》注並參考《太平御覽》卷四四四補。

〔四〕勸習竺以女配之　「勸」字原無，據《太平御覽》卷四四四補。又《太平御覽》此句作「勸習筮仕以女配之」，筮仕，或即習竺之字。女名英習。

〔五〕「數月，壹被誅」句《太平御覽》卷六四五作「劉助復告壹，壹即伏誅」。

〔六〕此段六十字原無，據《三國志》注補。

〔七〕自「後」至「丹陽太守」句，原作「漢末為丹陽太守」，據《三國志》注改。又「嘗」字原作「常」，訛字徑改。

〔八〕時孫休在丹陽　「時」字原無，據《三國志》注補。又「孫休」原作「孫孔」，誤，徑改。

〔九〕休立　此二字原無，據《三國志》注補。

〔一〇〕遂白其家客　「白」原作「曰」，語意不通，徑改。

〔一一〕君本渡民耳　「渡」原作「庶」，據前引《太平御覽》卷四四四，當作「渡」。

〔一二〕顯求其罪　「其」《三國志》注作「受」，義較長。

〔一三〕種甘橘千株　「甘」字原無，據《三國志》注及《藝文類聚》卷八六補。

〔一四〕不責汝衣食　「衣」字原無，據《三國志》注、《藝文類聚》卷四六及《太平御覽》卷九六六補。

〔一五〕兒以白母　「母」字原無，據《三國志》注及《藝文類聚》卷四六補。

〔一六〕此當是種柑橘也　「橘」字原無，據《三國志》注及《藝文類聚》卷四六補。

〔一七〕汝家失十户客來七八年　「户」字原無，據《三國志》注及《藝文類聚》卷四六補。

〔一八〕衡柑橘成　「橘」字原無，據《三國志》注及《初學記》卷二八補。

〔一九〕其宅上枯樹猶在　「樹」原作「稟」，據《三國志》注及《藝文類聚》卷四六改。

胡宜

題注　《心齋十種》本無此條。吴慶燾稱據《淵鑒類函》補。按《淵鑒類函·政術部·廉潔》載此條，實録自《北堂書鈔》卷五八「妻子不衣帛」注引《襄陽耆舊傳》（俞羨長萬曆癸卯刊本）；吴本誤「胡宜」爲「胡宣」。

胡宜，字叔方，爲江夏、南郡太守，清厲有節，妻子不衣帛〔一〕。魏朝以其清，班示天下。

校注

〔一〕妻子不衣帛　「子」字原無，據陳心抑萬曆庚子校刊本《北堂書鈔》補。

王昌

題注　《心齋十種》本無此條。吴慶燾云據《淵鑒類函》補。按《淵鑒類函·服飾部·衣服》載此條，實録自《太平御覽》卷六八九。吴引文有誤，今校正。

王昌，字公伯，爲東平相、散騎常侍。早卒。婦是任城王曹子文女〔一〕。昌弟式，字公儀，爲度遼將軍長史，婦是尚書令桓階女。昌母，聰明有典教，二婦入門，皆令變服下車，不得逾侈。

後階子嘉尚魏主，欲金鏤衣見王式婦〔二〕。桓嘉止之〔三〕，曰：「其嫗嚴，固不聽善〔四〕，爾不須持往，犯人家法。」

校注

〔一〕婦是任城王曹子文女　「子文」原作「子大」，吴慶燾注云：「『子大』當作『子文』，曹彰字也。」吴説是，據改。

〔二〕欲金鏤衣見王式婦　「王」字《太平御覽》無，據《淵鑒類函》補。

〔三〕桓嘉止之　「桓」字《太平御覽》無，據《淵鑒類函》補。

〔四〕固不聽善　吴本此四字訛爲「固不聽莫」，據《太平御覽》改。《淵鑒類函》不誤。

王　謀

題注　《心齋十種》本及吴慶燾本均無。據《北堂書鈔》卷五四少府「王諶有容止」條注引《襄陽記》補。據《三國志》卷四五《楊戲傳》載《季漢輔臣贊》陳壽注稱：王元泰，名謀，「有容止操行」，「先主爲漢中王，用荆楚宿士零陵賴恭爲太常，南陽黄柱爲光禄勛，謀爲少府」。故知《北堂書鈔》「王諶」爲「王謀」之訛。又此處作「荆楚宿士」,習鑿齒入《襄陽耆舊記》;但陳壽注又稱謀「漢嘉人也」,「漢嘉前輩」,而漢嘉郡在今四川成都西南,治於名山縣北。不屬荆楚,更不屬襄陽。今暫附於卷二漢人物之末。

王謀[一],字元泰,爲少府,有容止操行。

校注

〔一〕「謀」原作「諶」,據《三國志·楊戲傳》陳壽注改。

晉

羅　憲

題注　羅憲條,據《心齋十種》本,以《三國志》卷四一《霍峻傳》注及《初學記》卷一七、《太平御覽》卷四一七校訂。

羅憲，字令則，襄陽人也。父蒙，避亂於蜀[一]，官至廣漢太守[二]。憲年十三，能屬文，早知名[三]。師事譙周，周稱爲子貢。性方亮嚴整，待士無倦，輕財好施，不營産業。後主立爲太子[四]，爲太子舍人，遷庶子、尚書吏部郎。以宣信校尉[五]，再使於吴，吴人稱美焉[六]。時黄皓預政，衆多附之，憲獨不與同。皓恚，左遷巴東太守。時右大將軍閻宇都督巴東[七]，後主拜憲領軍[八]，爲宇副貳。

魏之伐蜀，召宇西還，留二千人，令憲守永安城[九]。尋聞成都敗[一〇]，城中擾動，邊江長吏，皆棄城走。憲斬稱成都亂者一人[一一]，百姓乃安。得後主委質定問[一二]，乃帥所統臨于都亭三日。

吴聞蜀已敗[一三]，遂起兵西上，外托救援，内欲襲憲城以固其國，遣盛曼等水陸並到，説憲以合同之計[一四]。憲乃會議曰[一五]：「本朝傾覆，吴爲脣齒，不恤我難而僥其利，背盟違約。且漢已亡，吴何得久[一六]？吾寧能爲吴降虜乎[一七]！今孤城獨守，百姓未定，宜一决戰，以定衆心。」遂銜枚夜擊，破曼，旋軍保城[一八]。於是，繕甲完聚，告誓將士[一九]，厲以節義，士皆用命。

吴聞鍾、鄧敗，百城無主，有兼蜀之志，而巴東固守，兵不得過[二〇]。吴又使步協西征，憲臨江拒射，不能禦，遣參軍楊宗突圍北出，告急安東將軍陳騫；又送其文武印綬、任子詣晉王。協攻城，憲出與戰，大破其軍。孫休怒〔二一〕，又遣陸抗等率三萬人增憲之圍〔二二〕。

憲拒守經年，救援不到，城中疾疫大半。或勸南出牂牁，北奔上庸，可以保全。憲曰：「夫爲人主，百姓所仰，既不能存，急而棄之，君子不爲也。畢命於此矣。」

陳騫言於晉王，遣荆州刺史胡烈等救之〔二三〕，抗等引退〔二四〕。晉王即委前任，拜憲陵江將軍，封萬年亭侯。會武陵四縣舉衆叛吴，以憲爲武陵太守、巴東監軍〔二五〕。

泰始元年，改封西鄂縣侯。憲遣妻子居洛陽，武帝以其子襲爲給事中〔二六〕。

三年冬入朝〔二七〕，進位冠軍將軍、假節〔二八〕，詔曰：「憲忠烈果毅，有才策器幹，可給鼓吹。」又賜以元玉佩劍。

四年三月〔二九〕，憲待讌於華林園。詔問蜀大臣子弟，後問先輩宜時叙用者〔三〇〕。憲薦蜀郡常忌、杜軫、壽良，巴西陳壽，南郡高軌，南陽吕雅、許國，江夏費恭，琅邪諸葛京，汝南陳裕〔三一〕，皆西國之良器，武帝並召而仕之〔三二〕。憲還，襲取吴之巫城，因上伐吴之策〔三三〕。

六年〔三四〕，卒，贈安南將軍〔三五〕，謚曰烈。

子襲，以陵江將軍領部曲。早卒，追贈廣漢太守〔三六〕。

襲子徽，順陽内史。永嘉五年，爲王如所殺〔三七〕。

兄子尚。

校注

〔一〕避亂於蜀　「避亂於」三字原無，據《三國志》注補。

〔二〕官至廣漢太守　「官至」二字原無，據《三國志》注補。

〔三〕「憲年十三，能屬文，早知名」句，《三國志》注作「憲少以才學名，年十三，能屬文」。

〔四〕後主立爲太子　此句原作「仕蜀」，據《三國志》注改。

〔五〕「遷庶子、尚書吏部郎。以宣信校尉」十三字原無，據《三國志》注補。

〔六〕吴人稱羨焉　「羨」字原無，據《三國志》注補。

〔七〕自「時黄皓」至「都督巴東」句，原作「大將軍閻宇都督巴東」，自「時」至「右」二十四字據《三國志》注補。

〔八〕後主拜憲領軍　「後主」二字原無，據《三國志》注補。

〔九〕「留二千人，令憲守永安城」句中，「留二千人令」五字原無，據《三國志》注補。

〔一〇〕尋聞成都敗　「尋聞」原作「及」，據《三國志》注改。

〔一一〕憲斬稱成都亂者一人　「稱成都」三字原無，據《三國志》注補。

〔一二〕得後主委質定問　此七字原無，據《三國志》注並參考《太平御覽》補。

〔一三〕吴聞蜀已敗　「已」字原無，據《初學記》及《太平御覽》補。

〔一四〕「遂起兵西上，外托救援，内欲襲憲城以固其國，遣盛曼等水陸並到，説憲以合同之計」句，原作「欲襲憲」，此據《三國志》注，參考《太平御覽》及《初學記》補。又，「説憲以合同之計」之「憲」字，《初學記》、《太平御覽》作「獻」，爲前後文一致，此處亦改「獻」爲「憲」。

〔一五〕憲乃會議曰　「乃會議」三字原無，據《太平御覽》補。

〔一六〕「背盟違約。且漢已亡，吴何得久」十二字原無，據《三國志》注補。

〔一七〕吾寧能爲吴降虜乎　「吴」字原無，據《三國志》注補。

〔一八〕自「今孤城」至「旋軍保城」底本無，據《太平御覽》並參《初學記》補。

〔一九〕告誓將士　此四字原無，據《三國志》注、《初學記》及《太平御覽》補。

〔二〇〕自「吴聞鍾鄧敗」至「兵不得過」二十三字原無，據《三國志注》補。

〔二一〕自「憲臨江拒射」至「孫休怒」五十一字原無，據《三國志》注補。

〔二二〕又遣陸抗等率三萬人增憲之圍　「等率三萬人增憲之圍」原無，據《三國志》注補。

〔二三〕「陳騫言於晉王，遣荆州刺史胡烈等救之」句，原作「會荆州刺史胡烈等救之」，據《三國志》注改。

〔二四〕抗等引退　「等引」二字原無，據《三國志》注補。

〔二五〕自「晉王即委前任」至「巴東監軍」三十七字原無，據《三國志》注補。

〔二六〕此段與下段原相連，作「泰始初入朝」云云，今據《三國志》注，改「初」爲「元年」，並補「改封……給事中」二十三字，獨立成段。

〔二七〕三年冬入朝　「三年冬」三字原無，據《三國志》注補。

〔二八〕進位冠軍將軍假節　此八字原無，據《三國志》注補。

〔二九〕四年三月　此四字原作「初」，據《三國志》注改。

〔三〇〕後問先輩宜時敘用者　此九字原無，據《三國志》注補。

〔三一〕自「憲薦」至「汝南陳裕」，原作「憲薦蜀人常忌、杜軫等」，據《三國志》注改。

〔三二〕「皆西國之良器，武帝並召而仕之」句，《三國志》注作「即皆敘用，咸顯於世」。

〔三三〕自「憲還」至「伐吴之策」十四字原無，據《三國志》注補。

〔三四〕六年　此二字原無，據《三國志》注補。

〔三五〕贈安南將軍　此句原作「追封西鄂侯」，據《三國志》注改。

〔三六〕自「以陵江將軍」至「廣漢太守」，原作「至廣漢太守」，據《三國志》注改。

〔三七〕自「襲子徽」至「所殺」十六字原無，據《三國志》注補。又注稱：「此作『獻』，名與本傳不同，未詳孰是也。」按前注《初學記》引《襄陽記》「羅憲」作「羅獻」，推知《襄陽耆舊記》原本作「獻」，裴松之引時通改爲「憲」，以與《三國志・霍峻傳》一致，而在注後自注記之。

羅尚

題注　羅尚條,據《心齋十種》本。以《太平御覽》卷四九二、六五〇補;以《晉書》卷五七《羅憲附子尚傳》校訂。

羅尚,爲右丞。是時,左丞處事失武帝意,大怒,欲案入重罪。事連尚,於是尚爲坐,受杖一百。時論美之〔一〕。

太康末,爲平西將軍,益州刺史。

羅尚貪而少斷〔二〕,付任失所,遂至大敗〔三〕,蜀人不堪其徵求,數萬人共連名詣太傅東海王〔四〕,言曰:「尚之所愛,非邪則佞;尚之所憎,非忠則賢。富擬魯衛,家如市鄽〔五〕。貪如虎狼,無復極已!」「蜀賊尚可,羅尚殺我,平西將軍,反更爲禍〔六〕!」

時,李特起於蜀,攻尚於成都。尚破之,斬李特。特子雄。僭號於郫城〔七〕。尚卒,雄遂據有蜀土。

校注

〔一〕自「爲右丞」至「時論美之」三十六字原無,據《太平御覽》卷六五〇補。

〔二〕羅尚貪而少斷　「羅尚」二字原無，據《太平御覽》卷四九二補。

〔三〕「付任失所，遂至大敗」八字原無，據《太平御覽》卷四九二補。

〔四〕自「不堪其徵求」至「東海王」十七字原無，據《太平御覽》卷四九二補。

〔五〕家如市鄽　「鄽」原作「里」，據《晉書》本傳改。

〔六〕反更爲禍　「反更」原作「皮使」，據《晉書》本傳改。

〔七〕僭號於郫城　「郫城」原作「鄲城」，據《晉書》本傳改。

蒯欽

題注　蒯欽條，據《心齋十種》本。所載童謡及狂人造書事，均見於《晉書》卷二八《五行志》中，以此校訂。又《晉書》卷四十《楊駿傳》，載有「弘訓少府蒯欽，駿之姑子，少而相昵，直亮不回，屢以正言犯駿，珧、濟爲之寒心」云云。

蒯欽。初，惠帝即位，兒童謡曰：「兩火没地，哀哉秋蘭，歸行街郵〔一〕，終爲人嘆！」又河内温縣有人如狂，造書曰：「光光文長，以戟爲墻，毒藥即行〔二〕，刀還自傷〔三〕！」楊濟問欽，欽垂泣曰：「皇太后諱季蘭〔四〕；兩火，武皇帝諱炎字也。此言武皇崩而太后失尊，罹大禍辱，終始不以道，不得附山陵，乃歸於非所也。」及楊太后之見滅，葬於街郵亭，皆如其言。

欽從祖祺婦，即諸葛孔明之大姊也。

校注

〔一〕歸行街郵　「行」原作「刑」，據《晉書》改。

〔二〕毒藥即行　「即」《晉書》作「雖」。

〔三〕刀還自傷　「刀」《晉書》作「戟」。

〔四〕皇太后諱季蘭　此句《晉書》作：「蘭，楊后字也。」按同書卷三一《后妃·武悼楊皇后傳》載：「諱芷，字季蘭，小字男胤，元后之妹。」

習　嘏

題注　習嘏條，據《心齋十種》本。以《北堂書鈔》卷六八校訂。

習嘏，字彦雲〔一〕，爲臨湘令。山簡以嘏才有文章，轉爲征南功曹〔二〕。莅官止舉大綱而已〔三〕，不拘文法，時人號爲「習新婦」。簡益器之，轉爲記室參軍〔四〕。

校注

〔一〕字彦雲　此三字原無，據《北堂書鈔》補。

〔二〕「山簡以嘏才有文章，轉爲征南功曹」句中，「以嘏才有文章轉爲」八字原無，據《北堂書鈔》補。

〔三〕莅官止舉大綱而已　「止」字原無，據《北堂書鈔》補。

〔四〕「簡益器之，轉爲記室參軍」十字原無，據《北堂書鈔》補。

張　他

題注　張他條，《心齋十種》本無，據《職官分紀》補。《職官分紀》五十卷，宋人孫逢吉撰，卷四二《縣卒》引《襄陽耆舊傳》載此。具體時代不清，暫附於卷二人物之末。

襄陽縣卒張他，學晝諷書，歸侍父。主簿以其還縣非時，當行罰。他大嘆息，且四五不止。縣令陳君問其故，曰：「《孝經》云：『資於事父以事君而敬同。』今主簿以吏敬父而推罰，恐傷明府德化，故重令明府更思爾！」陳君即回主簿，賜他俸錢五千。

卷三　山川

鹿門山（蘇嶺山）

題注　鹿門山條，散見於《後漢書》卷八三《逸民·龐公傳》注、《藝文類聚》卷四九、《北堂書鈔》卷五八、《太平御覽》卷九〇六及《太平廣記》卷二九六、《太平寰宇記》卷一四五。詳略不一，且多牴牾。今綴輯成之。

鹿門山，舊名蘇嶺山。建武中〔一〕，習郁爲侍中時，從光武幸黎丘，與帝通夢，見蘇山神，光武嘉之，拜大鴻臚。録其前後功，封襄陽侯，使立蘇嶺祠〔二〕。刻二石鹿，夾神道口〔三〕，百姓謂之鹿門廟，或呼蘇嶺山爲鹿門山〔四〕。

校注

〔一〕此上三句，出《後漢書》注。

〔二〕此上九句，出《藝文類聚》。

〔三〕此上二句，出《後漢書》注。

〔四〕此上二句，出《藝文類聚》。又「或呼蘇嶺山爲鹿門山」，《後漢書》注作「遂以廟名山也」。

各本輯文

《後漢書》卷八三《逸民·龐公傳》注引《襄陽記》　鹿門山，舊名蘇嶺山。建武中，襄陽侯習郁立神祠於山，刻二石鹿，夾神道口。俗因謂之鹿門廟，遂以廟名山也。

《藝文類聚》卷四九《鴻臚》引《襄陽耆舊傳》　習郁爲侍中時，從光武幸黎丘，與帝通夢，見蘇山神，光武嘉之，拜大鴻臚。録其前後功，封襄陽侯，使立蘇嶺祠，刻二石鹿，夾神道，百姓謂之鹿門廟，或呼蘇嶺山爲鹿門山。

《北堂書鈔》卷五八《從幸黎丘》引《襄陽耆舊記》　習郁爲侍中，從光武幸黎丘，與光武通夢，見蘇山神，光武嘉之，拜大鴻臚，主蘇嶺之祀。

《太平御覽》卷九〇六《獸部·鹿》引習鑿齒《襄陽記》　習郁從光武幸黎丘，與光武通夢，見蘇嶺神，帝嘉之，使立祠，二石鹿夾道口，百姓乃謂之鹿門。

《太平廣記》卷二九六《蘇嶺廟》　襄陽蘇嶺山廟，門有二石鹿夾之，故謂之鹿門山。習氏《記》云：「習郁（常）〔嘗〕爲侍中，從光武幸黎丘，郁與光武俱夢見蘇嶺山神，因使立祠。」郭重産《記》云：

「雙石鹿自立如門，采伐人常過其下，或有時不見鹿，因是知有靈瑞。梁天監初，有蜂湖村人於此澤間獵，見二鹿極大，有異於恒鹿，乃走馬逐之。鹿即透澗，直向蘇嶺。人逐鹿至神所，遂失所在，唯見廟前二石鹿。獵者疑是向鹿所化，遂回。其夜，夢見一人，著單巾幘，黄布袴褶，語云：『使君遣我牧馬，汝何驅迫？賴得無他，若見損傷，豈得全濟！』」出《襄陽記》。

《太平寰宇記》卷一四五《襄州・襄陽縣》引習鑿齒《襄陽記》　習郁爲侍中時，從光武幸黎丘，與光武通夢，見蘇嶺山神，光武嘉之，拜大鴻臚，録其前後功，封襄陽侯，使立蘇嶺之祠，刻二石鹿，夾祠神道，百姓謂爲鹿門廟。

峴山

題注　峴山條，據曾慥《類説》卷二，以《太平寰宇記》卷一四五及《淵鑒類函・鱗介部・魚類》引《襄陽耆舊傳》補。

峴山下〔一〕，漢水中，出鯿魚〔二〕，味極肥而美〔三〕。常禁襄陽人採捕〔四〕，遂以槎斷水〔五〕，因謂之槎頭縮項鯿〔六〕。

宋張敬兒爲刺史〔七〕，作六櫓船，置獻齊高帝曰：「奉槎頭縮項鯿一千八百頭。」〔八〕

校注

〔一〕峴山下　此三字原無，據《太平寰宇記》補。

〔二〕出鯿魚　「出」字原無，據《太平寰宇記》補。

〔三〕味極肥而美　此句原作「甚美」，據《太平寰宇記》改。

〔四〕常禁襄陽人採捕　「襄陽」及「採」字原無，據《太平寰宇記》補。

〔五〕遂以槎斷水　「遂」字原無，據《太平寰宇記》補。

〔六〕因謂之槎頭縮項鯿　「縮項」二字原無，據《太平寰宇記》補。

〔七〕宋張敬兒爲刺史　《淵鑒類函》在「刺史」下，多「齊高祖求此魚敬兒」八字。

〔八〕此段非習氏書，係後人補注。録於此以供研究參考之用。

各本輯文

《類説》卷二《襄陽耆舊傳》　漢水中鯿魚甚美，常禁人捕。以槎斷水，因謂之槎頭鯿。宋張敬兒爲刺史，作六櫓船，置獻齊高帝曰：「奉槎頭縮項鯿一千八百頭。」

《太平寰宇記》卷一四五《襄州・襄陽縣・土産》引《襄陽耆舊傳》　峴山下，漢水中，出鯿魚，味極肥而美，襄陽人採捕，遂以槎斷水，因謂之槎頭縮項鯿。

《淵鑒類函・鱗介部・魚》引《襄陽耆舊傳》　峴山下，漢水中，出鯿魚肥美，嘗禁人採捕，以槎頭斷水，謂之槎頭鯿。宋張敬兒爲刺史，齊高祖求此魚，敬兒作陸艫船，置魚而獻曰：「奉槎頭縮項鯿一千六百頭。」

萬山

題注 萬山條，見於《續漢志》卷二二注及《太平寰宇記》卷一四五。

襄陽縣西九里有萬山〔一〕。萬山北，隔沔水，父老相傳，即交甫見游女弄珠之處〔二〕。此山之下曲隈是也〔三〕。

校注

〔一〕此句據《續漢志》注。

〔二〕此句據《太平寰宇記》，參考《續漢志》注。

〔三〕此句據《續漢志》注。

各本輯文

《續漢志》卷二二《郡國志》四《襄陽阿頭山》注引《襄陽耆舊傳》（襄陽）縣西九里有萬山，父老傳云交甫所見游女處，此山之下曲隈是也。

《太平寰宇記》卷一四五《襄州·襄陽縣》引習鑿齒《襄陽記》（萬）山北隔沔水，父老相傳即交甫見游女弄珠之處。

冠蓋山

題注　吴慶燾據《山谷詩内集》卷四任淵注補。按任淵，宋人。另南宋人曾慥《類説》卷二亦録此，稍詳，用以校訂。

冠蓋山。漢末，嘗有四郡守、七都尉、二卿、兩侍中、一黄門侍郎、三尚書、六刺史〔一〕，朱軒高蓋會山下，因名冠蓋山，里曰冠蓋里〔二〕。

校注

〔一〕「一黄門侍郎、三尚書、六刺史」十一字原無，據《類説》補。

〔二〕「因名冠蓋山，里曰冠蓋里」句，《類説》作「因名其里曰冠蓋里，山曰冠蓋山」。又《太平寰宇記》卷一四五《冠蓋里》條引盛弘之《荆州記》云：「襄陽郡峴首山南至宜城百餘里，其間雕墻峻宇，閶闔填列。漢宣帝末，其中有卿士、刺史二千石數十家，朱軒軿輝，華蓋連延，掩映於太山廟下。荆州刺史行部見之，欽嘆其盛，敕號太山廟道爲冠蓋里。」時間不在漢末，而是「漢宣帝末」，内容亦有差異，録之以供研究參考。《太平御覽》卷一六八引《荆州記》全同。

石梁山

題注 石梁山條，吴慶燾據《太平御覽》卷四三補。

襄陽石梁山〔一〕，起白雲則雨，黄雲則風，黑雲則蠻多病。〔二〕

校注

〔一〕襄陽石梁山 「襄陽」，吴慶燾注云：「《太平御覽》作『襄州』，彦威時，尚無襄州之名，其訛無疑，今改。」

〔二〕此條《太平寰宇記》卷一四五《襄陽縣》條載：「《南雍州記》云：石梁山，形如橋梁也，白雲起，即崇朝而雨，人以爲準。」與《襄陽記》大同小異，録此供參考。又石梁山，在今湖北宜城。

薤山

題注 薤山條，吴慶燾據《太平御覽》卷四三補。

襄陽縣薤山，山上有竹，三年生一笋，笋成竹死，代謝如春秋焉。〔一〕

校注

〔一〕此條《太平御覽》卷九七七《荆州圖記》載：「築陽縣有薤山，山多野薤，因此爲名。」同書卷九六三《荆州圖記》載：「築陽縣薤山，有孤竹，三年而生一笋，笋成代謝常一。」此稱築陽，與《襄陽記》不同。又薤山，在今湖北穀城縣。《太平寰宇記》卷一四五《穀城縣·薤山》條：「在縣西六十里，諸山雲起，此山無雲，終不降雨；諸山無雲，此山雲起，必降大雨。土人以爲恒驗。」

荆山

題注 荆山條，吴慶燾云據《輿地紀勝》補。據查，此條本出《輿地紀勝》

卷八二引《襄陽記》。

荆山有石室，相傳云卞和宅也。〔一〕

校注

〔一〕荆山，在今湖北省南漳縣。《續漢書》卷二二《郡國志·臨沮·荆山》條注引《荆州記》載：「西北三十里有清溪，溪北即荆山，首曰景山，即卞和抱璞之處。」

中廬西山

題注 中廬西山條，吴慶燾據《續漢書》卷二二《郡國志》注補。今據《北堂書鈔》卷一五八、《藝文類聚》卷九三、《太平御覽》卷八九七校訂，並鈔他書有關條文於「各本輯文」，以便研究。

中廬，侯國，古盧戎也。中廬西山〔一〕，去襄陽一百三里〔二〕，山中有一地道〔三〕，漢時，常有馬數百匹出其中，因名馬穴〔四〕。馬形皆小，形似巴滇馬。人於此得馬，頻宿，遂名騎亭〔五〕。

三國時，陸遜攻襄陽，又值此穴中有數十匹馬出〔六〕，遜載還建業。蜀使來，有五部兵家滇池者，識其馬色，云：「亡父所乘！」對之流涕。

校注

〔一〕中廬西山　「中廬」二字原無，據《北堂書鈔》補。

〔二〕去襄陽一百三里　此句原無，據《太平御覽》補。

〔三〕山中有一地道　「山」字原無，據《藝文類聚》補。又「地」字原無，據《北堂書鈔》、《藝文類聚》、《太平御覽》補。

〔四〕因名馬穴　此四字原無，據《藝文類聚》補。此句《北堂書鈔》、《太平御覽》則作「今名馬穴」。

〔五〕「人於此得馬，頻宿，遂名騎亭」十一字原無，據《北堂書鈔》補。

〔六〕又值此穴中有數十匹馬出　「出」字原無，據《藝文類聚》、《太平御覽》補。

各本輯文

《北堂書鈔》卷一五八習鑿齒《襄陽記》　中廬西山，有一地道，漢時有數百匹馬出其中，今名馬穴。人於此得馬，頻宿，遂名騎亭。三國時，陸遜攻襄陽，於此穴得數十匹馬，遜載還建鄴。蜀使往，有五部兵家在滇者，識其馬色，云是其父所乘，對之流涕。

《藝文類聚》卷九三《馬》引《襄陽記》　中盧山有一地穴，漢時，嘗有數百匹馬出，遂因名馬穴。吴時，陸遜亦知此穴，馬出，得數十匹。

王謨輯習鑿齒《襄陽記》，於《後漢書》志、注引《襄陽記》至「馬形皆小，似巴滇馬」時注《白帖》引此，下有「今名馬穴，有人於此得馬，遂名騎亭」十四字。

《太平御覽》卷八九七《獸·馬》引《襄陽記》　中盧山，西去襄陽一百三里，有一地道，漢時嘗有數百匹白馬出其中，遂名其地爲白馬穴。陸遜攻襄陽，又值此穴中數十匹馬出，戰還建鄴。蜀使有五部兵家滇池者，識其馬色，云是亡父所乘，對之流涕。

《淵鑒類函·地·穴》引習鑿齒《襄陽記》　中盧山有馬穴，昔有人於此得馬，遂名騎亭。吴陸遜攻襄陽，於此穴得馬數十匹，遜載還建鄴。蜀使往，有五部兵家在滇池者，識其馬毛，云是其父所乘，對之流涕。

《藝文類聚》卷七引《荆州圖副》　襄陽郡中盧縣西百三十里，有馬穴山，傍有地道，云漢時有馬出其中。

《太平御覽》卷五四引《荆州圖記》　盧縣有馬穴山，傍有地道，漢時常有百匹馬出其中，形皆小，似滇池馬，今遂名其處曰馬穴。

《水經·江水注》(夷陵)縣北三十里,有石穴,名曰馬穿。嘗有白馬出穴,人逐之,入穴,潛行出漢中,漢中人失馬亦嘗出此穴,相去數千里。

《北堂書鈔》卷一五八引《荆州記》　佷山縣陸行三十里,有名穴,云昔有馬從穴出,因復還入,潛行乃出漢中,漢中人失馬亦入此穴,因名馬穿穴。

《太平寰宇記》卷一四五《光化軍·乾德縣·馬窟山》條　在縣東六里,下有窟。按《南雍州記》,漢時,有馬百匹從此窟出,舊名馬頭山,敕改爲馬窟。

岑山

題注　岑山條,據宋曾慥《類説》卷二引《襄陽耆舊傳》補。

岑山,東三峰,名三公;西九山,名九卿;次山名主簿。

熨斗陂

題注　熨斗陂條,吴慶燾云據《淵鑒類函》補。按《淵鑒類函·地部·陂類》載此條，文字有缺漏。《淵鑒類函》實録自《藝文類聚》卷九，今據《藝文類聚》爲本。

宜城縣東北角，有熨斗陂。〔一〕

校注

〔一〕據《水經·沔水注》：「夷水又東注於沔，……舊堨去（宜）城百許里，水從城西灌城東，入注爲淵，今熨斗陂是也。水潰城東北角，百姓隨水流，死於城東者數十萬，城東皆臭，因名其陂爲臭池。後人因其渠流，以結陂田。」

習家魚池

題注　習家魚池條，見《初學記》卷八，《藝文類聚》卷九、一九，《世説新語·任誕篇》注，《太平御覽》卷六七、四六五、五五六、八四五，《太平寰宇記》卷一四五，《輿地紀勝》卷八二，《淵鑒類函·人部·遊覽類》亦摘引。文句牴悟甚多，今綴輯成條。

襄陽峴山南八百步，西下道百步，有習家魚池〔一〕。漢侍中習郁依范蠡養魚法，中築一釣臺〔二〕。郁將亡，敕其兒煥曰：「我葬必近魚池。」煥爲起冢於池之北，去池四十步〔三〕。

池邊有高堤，皆種竹及長楸，芙蓉、菱芡覆水，是遊宴名處。山季倫每遊此池，未嘗不大醉而還。恒曰：「此我高陽池也。」〔四〕

校注

〔一〕以上三句，據《初學記》。

〔二〕以上兩句，據《太平御覽》卷六九；參考《世説新語》注及《藝文類聚》卷九。

〔三〕以上五句，據《太平御覽》卷五五六，參考《太平御覽》卷六七及《太平寰宇記》。又《太平寰宇記》「敕其兒煥」作「敕其長子」；《太平御覽》卷六七作「敕其兒」。

〔四〕此段據《太平御覽》卷八四五，參考《世説》注及《藝文類聚》卷九。

各本輯文

《初學記》卷八引《襄陽記》　峴山南八百步，西下道百步，有習家魚池。

《藝文類聚》卷九《池》引《襄陽記》　峴山南，習郁大魚池。依范蠡養魚法，種楸、芙蓉、菱芡。山季倫每臨此池，輒大醉而歸，恒曰：「（比）〔此〕我高陽池也。」城中小兒歌之曰：「山公何所往？來至高陽池。日夕倒載歸，酩酊無所知。」

《藝文類聚》卷一九《謳謡》引《襄陽耆舊記》　山季倫每臨習池，未曾不大醉而還。恒曰：「我高陽池中也。」襄陽城中小兒歌之曰：「山公何所去？往至高陽池。日夕倒載歸，酩酊無所知。時時能騎馬，倒著白接離。舉鞭向葛强，何如并州兒？」

《世説新語·任誕篇》注引《襄陽記》　漢侍中習郁於峴山南，依范蠡養魚法作魚池，池邊有高堤，種竹及長楸，芙蓉、菱芡覆水，是遊燕名處也。山簡每臨此池，未嘗不大醉而還，曰：「此是我高陽池也。」襄陽小兒歌之。

《太平御覽》卷六七《地·池》引《襄陽記》　峴山南，有習家大魚池，依范蠡養魚法，當中築一釣臺。將亡，敕其兒曰：「必葬我近魚池。」山季倫每臨此，輒大醉而歸。

《太平御覽》卷四六五《人事·歌》引《襄陽耆舊傳》　山季倫每臨習池，未嘗不大醉而還，曰：「我高陽池也。」襄陽城中小兒歌之曰：「山公出何處？往至高陽池。日夕倒載歸，酩酊無所知。時時能騎馬，到著白接籬。舉鞭向葛强，何如并州兒？」

《太平御覽》卷五五六《禮儀·葬送》引《襄陽耆舊傳》　峴山南有習家魚池者，習郁之所作也。郁將亡，敕其兒煥曰：「葬我必近魚池。」煥爲起冢於池之北，去池四十步。

《太平御覽》卷八四五《飲食·酒》引《襄陽記》　漢侍中習郁於峴山南，依范蠡養魚法作魚池。池邊有高堤，皆種竹及長楸，芙蓉覆水，是遊宴名處。山季倫遊此池，未嘗不大醉而還，恒曰：「此是我高陽池也。」

《太平寰宇記》卷一四五《襄陽縣·習郁池》引《襄陽記》　峴南八百步，而下道百步，有習家魚池。郁將死，敕其長子，葬於池側。池中起釣臺。

《輿地紀勝》卷八二《習家池》引《襄陽記》　峴山南有習郁池。

《淵鑒類函·人部·遊覽》引《襄陽記》　漢侍中習郁於峴山南，依范蠡養魚法作魚池，池邊有高堤，種竹及長楸，芙蓉緣岸，菱芡覆水，是游燕名處。山簡臨此池，未嘗不大醉而還。曰：「此是我高陽池也。」

夏水

題注　夏水條，吴慶燾據《太平御覽》卷八三二補。

楚王好田獵之事，揚鑣馳乎華容之下，射鴻乎夏水之濱。〔一〕

校注

〔一〕夏水，見《水經·夏水注》條。稱：「夏水出江津於江陵縣東南；又東過華容縣南；又東至江夏雲杜縣，入於沔。」夏水經南郡入江夏郡，均不屬襄陽。疑此條本非《襄陽耆舊記》之山川類。或爲人物宋玉傳之佚文。暫不移置，以待確證。

濁水

題注 濁水條，吴慶燾稱據《水經注》補。按此條出《水經·淯水注》。

楚王至鄧之濁水，去襄陽二十里。〔一〕

校注

〔一〕據《水經·淯水注》，濁水「俗謂之弱溝水，上承白水於朝陽縣，東南流，徑鄧縣故城南」，又「東徑鄧塞北」，「東流注入淯」水。按：鄧縣屬襄陽郡，故入山川類。

漢水

題注　漢水條，據明崇禎六年編《名勝志·襄陽府》引習鑿齒《襄陽記》補。按《元和郡縣志》卷二一《山南道·襄州》有云：「秦兼天下，自漢以北爲南陽郡，今鄧州南陽縣是也；漢以南爲南郡，今荆州是也。」其中「今鄧州南陽縣是也」、「今荆州是也」，是李吉甫語；而「秦兼天下，自漢以北爲南陽郡，漢以南爲南郡」是習鑿齒文。《輿地紀勝·襄陽府》引此謂《元和志》引《楚地記》。若此則不出於《襄陽記》，且有脱漏。又標目爲「漢水」亦覺不妥。姑附録於卷三之末，以待後證。

秦兼天下，自漢以北，爲南陽郡。

卷四　城邑

襄陽

題注　襄陽條，吴慶燾據《太平寰宇記》卷一四五補，入本書卷三山川類，標目爲「檀溪」。據本文，實爲「襄陽」條，今移置卷四城邑首條。又以《初學記》卷八、《太平御覽》卷一六八等校訂。

襄陽城，本楚之下邑〔一〕，檀溪帶其西，峴山亘其南，爲楚國之北津也。楚有二津：謂從襄陽渡沔，自南陽界，出方城關是也，通周、鄭、晉、衛之道；其東則從漢津渡江夏，出平皋關是也，通陳、蔡、齊、宋之道。〔二〕

校注

〔一〕本楚之下邑　「下」字原無，據《太平御覽》補。

〔二〕《續漢書·郡國志·襄陽》條注引《荆州記》略同，文曰：「襄陽，舊楚之北津。從襄陽渡江，經南陽，出方關，是周、鄭、晉、衛之道；其東津經江夏，出平皋關，是通陳、蔡、齊、宋之道。」

各本輯文

《初學記》卷八引習鑿齒《襄陽記》　襄陽，本楚國之北津。

《太平御覽》卷一六八《州郡·襄陽記》　襄陽，東楚之下邑，檀溪帶其西，峴山亘其南，亦楚國之北津也。

柤中

題注　柤中條，吴慶燾據《三國志》卷五六《朱然傳》注補。今以《太平寰宇記》卷一四五、《輿地紀勝》卷八二校訂。

吴時，朱然、諸葛瑾、萬彧，從沮中尋山險道〔一〕，北出柤中〔二〕。

柤，音如租税之租〔三〕。柤中，在上黄西界〔四〕，去襄陽一百五十里。魏時，夷王梅敷兄弟三人部曲萬餘家屯此。分布在中廬、宜城西山，鄢、沔二谷中。土地平敞，宜桑麻，有水陸良田。沔南之膏腴沃壤，謂之租中。

校注

〔一〕從沮中尋山險道　「沮中」原作「租中」，據《輿地紀勝》改。

〔二〕北出租中　「北」字原無，據《輿地紀勝》補。又此段據《太平寰宇記》補。

〔三〕音如租稅之租　「租稅之租」，《太平寰宇記》作「榆柤之柤」。吴慶燾注云：「疑爲『輸租之租』而訛。」吴説是。

〔四〕在上黄西界　「西」字原無，據《太平寰宇記》補。

各本輯文

《太平寰宇記》卷一四五《襄州·南漳縣·沮山》引習鑿齒《襄陽記》　吴時，朱然、諸葛瑾、萬彧，從柤中尋山險道出柤中。柤，音如榆柤之柤。其地在上黄西界，去襄陽城一百五十里。

《輿地紀勝》卷八二《襄陽府·柤山》引習鑿齒《襄陽記》　吴時，朱然、諸葛瑾從沮中尋山險道，北出租中。

活國城

題注 活國城條，吴慶燾稱據《淵鑒類函》補。按《淵鑒類函》本據《北堂書鈔》卷一六〇。今以《北堂書鈔》爲本，用《太平御覽》卷五五六校訂。

山都縣活國城，臨沔水，有大石激。宅欲爲水所毁，其人五女，皆大富，共斂錢作激，全其家宅也。

初，佷子家訾萬金，而自少不從父命。父臨終，意欲葬山，恐兒不從，曰：「葬我著渚下石磧上。」佷子曰：「我由來不奉教，今當從此一語〔一〕。」遂盡散家財，作石像冢，積土繞之成一洲〔二〕，長數百步。元康中，始爲水所壞。今冢石皆如半榻許〔三〕，數百枚，聚在水中。佷子，是前漢時人。〔四〕

校注

〔一〕今當從此一語 「今」原作「令」，據《太平御覽》改。

〔二〕積土繞之成一洲 「成」字原無，據《太平御覽》補。又「洲」原作「州」，據《太平御覽》改。

〔三〕今冢石皆如半榻許　「半」原作「羊」，參考《水經·沔水注》改。

〔四〕《太平廣記》卷三八九引盛弘之《荆州記》云：「固城臨（洱）〔沔〕水，水之北岸，有五女（墩）〔激〕。西漢時，有人葬（洱）〔沔〕北，墓將爲所壞，其人有五女，共創此（墩）〔激〕以防墓。」又稱：「一女嫁陰縣佷子，家資萬金，自少及長，不從父言。臨死，意欲葬山上，恐子不從，乃言：『必葬我渚下磧上。』佷子曰：『我由來不取父教，今當從此一語。』遂盡散家財，作石冢，積土繞之，遂成一洲，長數百步。元康中，始爲水所壞。今餘石如半榻許，數百枚，聚在水中。」因活國城條多有缺漏，録此以供研究者參考。又《水經·沔水注》亦載此事，不注出處。

各本輯文

《太平御覽》卷五五六《禮儀·葬送》引《襄陽耆舊記》　有佷子者，家訾萬金，而自少小不從父語。臨亡，意欲葬山上，恐兒不從，到言：「葬我著渚下石磧上。」佷子曰：「我由來不奉教從，今當從此一語。」遂盡散家財，作冢，積土繞之成一洲，長數百步。元康中，始爲水所壞。佷子，前漢人也。

《太平御覽》卷六六引《荆州圖記》　武當縣西北六里江中，名佷子潭，潭中有石磧洲，長六十丈。世傳佷子未曾從父命。臨終，欲葬山上，故謬曰：「葬我水中。」佷子唯從此命。習鑿齒《記》云，佷子是漢時人，家在山東五女（僥）〔激〕。

牽羊壇

題注　牽羊壇條，吴慶燾據《輿地紀勝》卷八二補。今據曾慥《類説》卷二引《襄陽耆舊傳》校訂。

襄陽有壇，號牽羊壇。刺史初至，必牽一羊，詣壇繞之，以其遭數，驗治州之年。晉文帝爲刺史，羊行六遭不止，强止之〔一〕，果八年而後遷。

校注

〔一〕强止之　此三字原無，據《類説》補。

各本輯文

曾慥《類説》卷二《襄陽耆舊傳》　襄陽有牽羊壇，刺史初至，必牽一羊繞壇，以其遭數，驗臨州之年。晉文帝爲刺史，行六遭不止，强止之，果八年而後遷。

呼鷹臺

題注 呼鷹臺條，據宋曾慥《類説》卷二録《襄陽耆舊傳》補。

劉表爲荆州刺史，築呼鷹臺，作《野鷹來》曲。〔一〕

校注

〔一〕《水經·沔水注》云：「水南有層臺，號曰景昇臺。蓋劉表治襄陽之所築也。言表盛遊於此，常所止憩。表性好鷹，嘗登此臺，歌《野鷹來》曲，其聲韻似孟達《上堵吟》矣。」

諸葛女郎墓

題注 諸葛女郎墓條，吴慶燾據《太平御覽》卷五五六補。

襄陽城南邊大道，有諸葛女郎墓者，是諸葛仲茂女冢也。年十三亡，茂婦憐之，不能自遠，故近城葬之，日日往哭。

松子亭

題注 松子亭條，吴慶燾據《續漢志》卷二二注補。《昭明文選》卷四《南都賦》注亦引此。

蔡陽，侯國，有松子亭，下有神陂〔一〕，中多魚，人捕不可得。《南都賦》所稱。

校注

〔一〕下有神陂 《昭明文選》注引習鑿齒《襄陽記》云：「神陂，在蔡陽縣界，有松子亭，下有神陂也。」

木蘭橋

題注 木蘭橋條，吴慶燾據《淵鑒類函》補。查《類函·獸部·豕類》載此，實本於《初學記》卷二九。今以《初學記》爲據，用《白孔六帖》卷九八、《太平御覽》卷九〇三校訂。爲了研究者的方便，另附《淵鑒類函》不同録文及《水經注》文（楊守敬疏認爲，道元注「本習説」；又稱《襄陽耆舊傳》稱「襄陽太守皮君，即皮初也」）於「各本輯文」。

木蘭橋者〔一〕，今之猪蘭橋是也〔二〕。

劉季和以此橋近獲，有蕺菜，於橋東大養猪。襄陽太守皮府君曰：「作此猪屎臭，當易名作猪蘭橋耳，莫復云木蘭橋也。」初如戲之〔三〕，而百姓遂易其名。

校注

〔一〕木蘭橋者　「木」《白孔六帖》作「大」，後亦同。

〔二〕今之猪蘭橋是也　「蘭」《太平御覽》作「欄」。

〔三〕初如戲之　「之」《淵鑒類函·居處部·橋類》作「言」。

各本輯文

《白孔六帖》卷九八引《襄（王橋）〔陽記〕》　大蘭橋者，今之猪蘭橋也。劉弘季以此橋近荻，有蕺菜，於橋東大養猪。襄陽太守府君曰：「依此猪屎，當易名作（此處疑脱「猪」字）蘭橋耳，復大蘭橋也。」初如戲之，而百姓遂易其名。

《太平御覽》卷九〇三《獸部・豕》引習鑿齒《襄陽耆舊傳》　木蘭橋者，今之猪欄橋是也。

《水經・沔水注》　沔水又東逕猪蘭橋。橋本名木蘭橋。橋之左右豐蒿荻，於橋東劉季和大養猪。襄陽太守曰：「此中作猪屎臭，可易名猪蘭橋。」百姓遂以爲名矣。

《淵鑒類函・居處部・橋類》引《襄陽耆舊傳》　猪蘭橋，其名荻蘭橋，橋之左右豐蒿荻。於橋東劉季和大養猪。襄陽太守曰：「此中作猪屎臭，可易名猪蘭橋。」初如戲言，而百姓遂以爲名矣。

卷五 牧守

漢

胡 烈

題注 胡烈條，據《心齋十種》本。《太平御覽》卷四六五有摘引。按胡烈，爲胡奮弟，《晉書》卷五七有傳。

胡烈，字武賢〔一〕，咸熙元年爲荆州刺史〔二〕，有惠化，補缺堤，民賴其利，銘石曰：「美哉明後〔三〕，雋哲惟嶷；陶廣乾坤，周孔是則；我武播揚〔四〕，威振遐域。」〔五〕

校注

〔一〕字武賢 「賢」《晉書·胡烈傳》作「玄」。

〔二〕咸熙元年爲荆州刺史 「荆州刺史」《太平御覽》及《太平寰宇記》卷一四五，均作「襄陽太守」，《晉書》本傳亦不載烈爲荆州刺史。據《晉書》卷三、卷三三、卷三七、卷五七，烈於咸熙、泰始間曾爲荆州刺史，本傳失載，《心齋十種》本習書爲是。

〔三〕美哉明後　吳慶燾注稱，「明後」《圖書集成》作「明碩」。

〔四〕我武播揚　此四字《太平御覽》作「文武播暢」。

〔五〕《三國志》卷二七《王基傳》注引司馬彪《戰略》稱，景元二年（二六一年）春二月，襄陽太守胡烈表上吴賊鄧由、李光等同謀十八屯欲來歸化云云。如此則胡烈先爲襄陽太守，隨後繼任荆州刺史，故諸書載其在襄陽業迹時，或稱襄陽太守，或稱荆州刺史。

晉

羊祜

題注　羊祜條，據《心齋十種》本。《藝文類聚》卷三五、七九，《北堂書鈔》卷一〇二，《太平御覽》卷八八六及《名勝志·襄陽郡》條，均有摘録。又羊祜，《晉書》卷三四有傳。

羊祜，字叔子。武帝將有滅吴之志，以祜爲都督荆州諸軍事，率營兵出鎮南夏。開設庠序，綏懷遠近，甚得江漢之心。與吴人開布大信。及卒，南州人征市日，聞祜喪，莫不號慟罷市，巷哭者聲相接；吴守邊將士，亦爲之泣。其仁德所感如此。

祜樂山水，每風景，必造峴山，置酒談咏，終日不倦。常慨然嘆息，顧謂從事中郎鄒湛等曰〔一〕：「自有宇宙，便有此山，由來賢達勝士，登此望遠，如我與卿者多矣，皆湮滅無聞，不可得知〔二〕，念此使人悲傷〔三〕！如百歲後有知，魂魄猶應登此山也〔四〕。」湛曰：「公德冠四海，道嗣前哲，令聞令望，必與此山俱傳。至若湛輩，乃當如公言耳！」

祜卒後，襄陽百姓於祜平生遊憩之所〔五〕，建碑立廟，歲時饗祭焉。望其碑者，莫不流涕，杜預因名爲「墮泪碑」。文，蜀人李安所撰。安，一名興。初爲荆州諸葛亮宅碣，其文善。及羊公卒，碑文工，時人始服其才也。《南雍州記》云：「楊世安同記室、主簿讀祜碑訖，乃長嘆曰：『大丈夫在在當立名，吾雖不敏，豈獨無意？』自爾爲政，務存寬簡。荆州人爲祜諱，名屋室皆以門爲稱；改『户曹』爲『辭曹』。」〔六〕

校注

〔一〕顧謂從事中郎鄒湛等曰　「鄒湛」《藝文類聚》卷三五、七九及《太平御覽》均作「鄒潤甫」。按潤甫，鄒湛字。

〔二〕不可得知　此四字原無，據《藝文類聚》卷三五及《太平御覽》補。

〔三〕念此使人悲傷　「念此」二字原無，據《藝文類聚》卷三五補；《淵鑒類函·地部·山》所引亦同《藝文類聚》。

〔四〕魂魄猶應登此山也　「應」《太平御覽》作「當」。「山」字原無，據《藝文類聚》卷七九補；《淵鑒類函》所引同。

〔五〕襄陽百姓於祜平生遊憩之所　「襄陽百姓」《北堂書鈔》作「參佐」。

〔六〕吴慶燾注：「此段蓋後人注於彦威書後者，任氏不考，竟沿其誤，今删而爲辨識於此。」吴辨識是，但仍留存於此，以作研究之參考。

杜預

題注　杜預條，據《心齋十種》本。《北堂書鈔》卷一〇二、《昭明文選》卷三八任彦昇《爲范始興作求立太宰碑表》注及唐余知古《渚宫舊事》自注均摘引，據以校訂。又杜預，《晉書》卷三四有傳。

杜預，字元凱，爲鎮南大將軍，都督荆州諸軍事。修立泮宫，江漢懷德，化被萬里。修召信臣遺迹，激滍、淯諸水，浸原田萬餘頃。分疆刊石，使有定分，公私同利，衆咸賴之，號曰「杜父」。

舊水道，唯沔漢達江陵，千數百里，北無通路；又巴邱湖，沅、湘之會，表裏山川，實爲險固，荆蠻之所恃也。預乃開揚口，起下水達巴陵千餘里，内瀉長江之險，外通零、桂之漕。南人歌之曰：「後世無叛由杜翁！」

預好留身後名[一]，常自言[二]：「百年後，必高岸爲谷[三]，深谷爲陵。」乃刻石爲二碑[四]，記其勛績[五]：一沉萬山之下，一沉峴山之下[六]，謂參佐曰[七]：「何知後代不在山頭乎！」[八]

《南雍州記》云：「其沉碑，今天色晴朗，漁人常見此碑於水中也。預在鎮，因宴集，醉卧齋中，外人聞嘔吐之聲，竊窺於户，止見一大蛇，垂頭而吐。聞者異之。」[九]

校注

〔一〕預好留身後名　「留」《昭明文選》注作「爲」；《北堂書鈔》無此字。

〔二〕常自言　「自」字原無，據《昭明文選》注補。

〔三〕百年後必高岸爲谷　「百年後必」四字原無，據《昭明文選》注補。

〔四〕乃刻石爲二碑　「乃」字原無，據《北堂書鈔》補。

〔五〕記其勛績　此四字《昭明文選》注及《北堂書鈔》均作「叙其平吴勛」。

〔六〕一沉峴山之下　「沉」原作「立」，「下」原作「上」，據《昭明文選》注及《北堂書鈔》改。孫星衍等《北堂書鈔》校注云：「陳、俞本及今《晉書》，皆作『一沉萬山下，一立峴山上』。唯《文選·求立太宰碑表》注引《襄陽記》與舊鈔吻合，可知二碑皆沉，足訂唐修《晉書》之誤。」孫等説是，據改。

〔七〕謂參佐曰　「謂參佐」三字原無，據《昭明文選》注補。

〔八〕何知後代不在山頭乎　此句原作「焉知此後不爲陵谷乎」，據《昭明文選》注，參考《北堂書鈔》改。又《渚宮舊事》（清紀昀校定本）自注有云：「《襄陽耆舊傳》云：『元凱性剛狠，爲百姓不敬。』」當爲此節佚文。

〔九〕吴慶燾注云：「此誤，與上羊公事同，今並删。」吴辨説是，但仍留此，以資研究者參考。

山簡

題注 山簡條，據《心齋十種》本。以《世説新語·任誕篇》注，《藝文類聚》卷九、一九，《太平御覽》卷四六五、四九七等校訂。又山簡，《晉書》卷四三《山濤傳》有附傳。

山簡，字季倫，司空濤子。永嘉三年，出爲征南將軍，都督荆、湘、交、廣四州諸軍事，假節，鎮襄陽。

於是，四方寇亂，天下分崩，王威不振，朝野危懼。簡優遊卒歲，唯酒是耽。諸習氏，荆土豪族，有佳園池。簡每出嬉游，多之池上，置酒輒醉，曰：「此我高陽池也！」襄陽城中小兒歌之曰〔一〕：「山公出何許？往至高陽池。日夕倒載歸，酩酊無所知。時時能騎馬，倒著白接䍦。舉鞭問葛强，何如并州兒？」强，家在并州，簡愛將也。

時樂府伶人避難，多奔沔漢，讌會之日，僚佐或勸奏之。簡曰：「社稷傾覆，不能匡救，有晉之罪人也，何作樂之用！」因流涕慷慨，坐者咸愧焉。

校注

〔一〕襄陽城中小兒歌之曰　此句原作「有童兒歌曰」，據《藝文類聚》卷一九、《太平御覽》卷四六五，參考《藝文類聚》卷九、《太平御覽》卷四九七及《世説新語》注改。

劉弘

題注　劉弘條，共七段。前六段據《心齋十種》本；末段據《藝文類聚》卷七〇補。以《北堂書鈔》卷一三五，《初學記》卷二八，《白孔六帖》卷十，《太平御覽》卷二一〇、七〇三等校訂。又劉弘，《晉書》卷六六有傳。

劉弘，字季和〔一〕，沛國相人也。大安中，張昌作亂，轉使持節、南蠻校尉、荆州刺史。討昌，斬之，悉降其衆。

時荆部守宰多缺，弘請補選，帝從之。弘乃叙功銓德，隨才補授，甚爲論者所稱。

勸課農桑，寬刑省賦，歲用有年，百姓愛悦。

弘嘗夜起，聞城上持更者嘆聲甚苦，遂呼省之。兵年過六十，羸弱無襦〔二〕，弘愍之，乃謫罰主者，遂給韋袍復帽，轉以相付。

舊制：峴、萬二山澤中，不聽百姓捕魚。弘下教曰：「禮，名山大澤不封，與共其利。今公私并兼，百姓無復厝手地，當何謂耶！速改此法。」

時天下大亂，弘專督江漢，威行南服。每有興廢，手書守宰，丁寧款密，所以人皆感悦，争赴之，咸曰：「得劉公一紙書，賢於十部從事。」

卒於襄陽，士女嗟痛，若喪所親。父老追思弘，雖《甘棠》之咏召伯，無以過也。

季和性愛香，直宫，嘗上厠，過香爐上。主簿張坦曰：「人名公作俗人，不虚也。」季和曰：「荀令君至人家，坐處三日香，爲我如何令君？而惡我愛好也！」坦曰：「古有好婦人，患而捧心、嚬眉，見者皆以爲好。其鄰醜婦法之，見者走。公便欲使下官遁走耶？」季和大笑，以是知坦。〔三〕

校注

〔一〕字季和　「季和」原作「和季」，《太平御覽》卷七〇三及《晉書》本傳均同。按《藝文類聚》、《北堂書鈔》、《初學記》及《太平御覽》卷二一〇，都作「季和」；《三國志》卷一五《劉馥傳》注引《晉陽秋》載：「劉弘，字叔和，熙之弟。」據此來看，「和季」格式誤。「和季」與「叔和」

可能均爲「季和」之誤。

〔二〕羸弱無𦰴　「無𦰴」原作「无嗣」，《晉書》本傳作「無𦰴」，據下文看，《晉書》是，據改。

〔三〕末段據《藝文類聚》卷七〇補。參見《初學記》卷二五。

皮初

題注　皮初條，據《心齋十種》本。他書不見摘引。按皮初事，《三國志》卷一五《劉馥傳》注引《晉陽秋》及《晉書》卷六六《劉弘傳》均載，文字互有詳略。

皮初，劉弘牙門將。弘討張昌，初爲都戰帥，忠勇冠軍，漢沔肅清，實初等之功也。

弘表初爲襄陽太守。朝廷以初雖有功，襄陽名郡，乃以弘婿夏侯陟爲守。弘曰：「若必姻親可用，荆州十郡，安得十婿？」乃表：陟，姻親，不得相濫；初勛宜見酬報。詔聽之。

桓宣

題注 桓宣條，據《心齋十種》本。桓宣，《晉書》卷八二有傳，本條事亦見於本傳。

桓宣，監沔中諸軍事。石虎荆州刺史郭敬戍襄陽，陶侃使其子與宣攻樊城，拔之。敬懼，遁走。宣遂平襄陽。侃使宣鎮之，招懷初附，勸課農桑，簡刑罰，略威儀。或載鋤耒於軺軒，或親耘獲於隴畝。十餘年間，綏懷僑寓，甚有稱績。

鄧遐

題注 鄧遐條，據《心齋十種》本。鄧遐，《晉書》卷八一有傳，此事迹亦見本傳。又《太平寰宇記》卷一四五「襄州」條引盛宏之《荆州記》，亦載此事。

鄧遐，字應遂〔一〕。勇力絶人，氣蓋當時，時人方之樊噲，治郡號爲名將。爲襄陽太守。城北沔水中有蛟，常爲人害。遐遂拔劍入水，蛟繞其足，遐揮劍截蛟流血〔二〕，江水爲之俱赤。因名斬蛟渚，亦謂之斬蛟津。

校注

〔一〕字應遂　「應遂」《晉書》本傳作「應遠」。

〔二〕遐揮劍截蛟流血　「流血」《晉書》本傳作「數段」。

朱序

題注　朱序條，據《心齋十種》本。朱序，《晉書》卷八一有傳，此事迹亦見本傳，文字差異亦少。

朱序，字次倫，義陽人。寧康初，拜使持節監沔中諸軍事、南中郎將，鎮襄陽。苻丕圍序，序母韓自登城履行〔一〕，謂西北角當先受弊，領百餘婢并城中女丁，於其角斜築二十餘丈。賊攻西北，潰，便固新城。襄人謂爲夫人城。

序累戰破賊，守備少懈，序陷於苻堅。後堅敗得歸，拜征虜將軍，復還襄陽。太元十八年卒。

校注

〔一〕序母韓自登城履行　「履」原作「覆」，據《晉書》本傳改。

附録一　舊序三則

明萬曆癸巳陸長庚序

《襄陽耆舊傳》，紹熙初，太守吴琚刻於郡齋，泯滅久，郡無得而覯焉。司寇胡公價，吴慶燾注：「胡公價，字玉如，明嘉靖進士，官至刑部右侍郎，宜城人，事迹詳《襄陽府志》。」初令臨海，得於學士先生梓以歸。吴慶燾注：「是本，爲曩時通志局所鈔，余從陳蘇生同年假得者，未見原書，故慎之也。蘇生，名曾佑，今官編修，嘗與修《湖北通志》。附識。」

前載人物，中載山川、城邑，後載牧守。晁氏謂：「記録叢雜，非傳體也，名記可已。」

嗟呼！人物山川，相待而顯，孔明龍伏隆中，士元鳳栖東野，德公遁迹鹿門，習氏選勝白馬，皆足爲山川重。若乃叔子峴山之碑，元凱萬山潭之石，季倫高陽池之飲，明德高風，千載之下，令人概想。

不佞賜履，雖不能如三公，襄陽實在部内，山川如舊，景物宛然，寧詎無其人乎，匿而不吾見也。布德惠，興學校，則所兢兢。才質譾劣，安敢僥後世名，向從事而悲傷，寄遺碑於陵谷，念不及此。朝廷百官，奉職不暇，性復不堪麯蘖，向高陽池，倒接羅，騎馬而歸。不能此，不逮三公遠矣。

感今懷古，有如旦暮，叙諸簡首，示向往焉。

萬曆癸巳季冬賜進士出身中順大夫奉敕提督太岳太和山兼管撫民分守下荆南道湖廣布政使司右參議鵝湖陸長庚謹序。

清乾隆五十三年任兆麟《心齋十種》本序

立言莫尚乎識，存吾性之本。直則識自至；而或妄作者，喪厥本也。晉彦威習氏，博學贍文，史才不常，所著《漢晉春秋》，黜魏帝蜀，其識如何哉？其視陳壽如何哉？後，朱文公綱目，特筆以正司馬光之失者，此實大路之椎輪已。惜其書散佚不傳。

余家藏有《襄陽耆舊傳》一册，亦習氏所著，前神宗時郡齋刊本。考原書：前載人物，中載山川、城邑，後載牧守。《隋志》稱記，《唐志》始稱傳。今本不載山川、城邑，則云傳亦可。然前人所引率稱記，則仍舊名爲得也。中列時代：以晉繼漢，以漢繼周，居然春秋筆法。世勘行本，訛脱頗多，今爲補正數處，以備史傳記一家。

乾隆五十三年夏六月望震澤任兆麟心齋書。

清光緒己亥吴慶燾重輯本序

《襄陽耆舊記》，隋、唐《志》皆五卷，《宋志》同《隋志》作記，《唐志》作傳。馬氏《通考》引晁氏説，以爲名當從《隋志》，是也。

原書世少傳本。明人叢書，如《説郛》及《五朝小説》等書皆採之。國朝乾隆中，任氏兆麟刊入所輯《心齋十種》。博雅如南皮師《書目答問》，所列亦止任本。觀鵝湖陸氏叙，知任書蓋據吾鄉胡玉如先生臨海刊本。而臨海本之爲吾宗雲壑本否？未可知也。

心齋自云所藏爲神宗時郡齋刊本，似即雲壑本。然雲壑去唐較近，其時當有完書。今任本乃止三卷，山川、城邑，概從闕如，與隋、唐《志》皆不合；獨《崇文書目》與此卷數同。疑二卷之亡已久，《宋志》不足信矣。

余暇日搜輯群書，得若干事，釐爲二卷，以補任本山川、城邑之闕。外補入人物、牧守者復得數事。其有一事而徵引各殊者，别爲考異一卷。

網羅散佚，不厭其詳，是編所録，視任爲多，究其疏漏，仍患不免，桑梓文獻，重以光芬，什一千百，慰情勝無，後有述者，庶幾無廢云爾。

光緒己亥五月吴慶燾寬仲書。

附録二　各本誤入習書條目及考證

萬曆本一條

李　重

題注　《心齋十種》本有李重條，非任氏所補，本出明萬曆郡齋本。

李重，字茂魯。爲襄陽太守，崇教化，修學宫，表篤行，拔賢能，清簡無匹，正身率下。二年彈黜四縣。

考證

李重，《晉書》卷四六有傳。傳稱：「字茂曾，江夏鍾武人也。」《三國志》卷一八《李通傳》注：「秉子重，字茂曾。」《世説新語·栖逸篇》亦作茂曾。又《晉書》本傳載，李重歷任太子舍人、尚書郎、廷尉平、中書郎、尚書吏部郎，「出爲行討虜護軍、平陽太守，崇德化，修學校，表篤行，拔賢能，清簡無欲，正身率下，在職三年，彈黜四縣」。《三國志·李通傳》注亦稱：李重「少知名，歷位吏部郎、平陽太守」。《世説新語·栖逸篇》注引《文字志》云：李廞「父重，平陽太守，世有名望」。《太平御覽》卷二五九載潘尼《贈二李郎詩序》曰「元康六年，都亭侯江夏李茂曾遷平陽太守」云云。是則李重於元康六年，遷行討虜獲軍、平陽太守無疑。後人誤「平陽」爲「襄陽」，訛植李重事於《襄陽耆舊記·守宰》内。

《心齋十種》本一條

鄧攸

題注　萬曆本無鄧攸條，任兆麟注稱據《淵鑒類函》補。按《淵鑒類函·人部·歌類》載此條。《心齋十種》本入於卷二人物。

鄧攸爲吴郡太守，刑政清簡。後稱疾去職。百姓數千人留牽攸船，不得進。攸乃少停，夜中發去。吴人歌之曰：「紞如打五鼓，鷄鳴天欲曙，鄧侯挽不留，謝令推不去！」

考證

鄧攸，字伯道，平陽襄陵人，《晉書》卷九〇有傳，所載事見本傳。後人誤以「平陽襄陵」爲「襄陽」，而纂入《襄陽耆舊傳》；任氏未考，亦沿其誤。

吴慶燾本五條

戰地

題注 戰地條，吴慶燾據《太平寰宇記》補。

劉表嗣子北降，襄陽、沔北，爲戰伐之地。自羊公鎮此，吴不復入。晉大將軍庾翼將謀北伐，遂鎮襄陽。

考證

《太平寰宇記》卷一四五「襄州」條引郭仲産云云，即此，並非習鑿齒書甚明；題爲「戰地」亦不妥。

馬仁陂

題注　吴慶燾云據《水經注》補。

馬仁陂，在泌陽縣南五十里，蓋地百頃，其所周溉田萬頃。隨年變種，境無儉歲。

考證

按《水經·溮水注》云：「（溮陰）城之東有馬仁陂。郭仲産曰：『陂在比陽縣西北五十里，蓋地百頃，其所周溉田萬頃。隨年變種，境無儉歲。』」此條與上條同，均非習氏書，爲郭仲産文。

樂宅戍

題注　樂宅戍條，吴慶燾稱據《水經注》補。

南陽城南九十里，有晉尚書令樂廣故宅。廣，字彦輔，善清言，見重當時。成都王，廣女婿，長沙王猜之。廣曰：「寧以一女而易五男。」猶疑之，終以憂殞。其故宅今置戍，因以爲名。

考證

按《水經·淯水注》云「今於其國（指淯陽侯國）立樂宅戍。郭仲産《襄陽記》曰（下即本條全文）」云云。據此，知吴慶燾所補並非習鑿齒書，而是郭仲産文。又，《北堂書鈔》卷七九引盛宏之《荆州記》云：「襄陽范蠡祠南七十里，有晉河南尹彦輔宅，周圍十餘畝，曩舊井猶未頽。檀道濟置邏其中，即名樂宅戍。」似樂廣宅在襄陽南。《水經·淯水注》云：「宛城側有范蠡祠。蠡，宛人，祠即故宅也。……夏侯湛之爲南陽，又爲立廟焉。」《宋書》卷四三《檀道濟傳》，東晉末，「討平魯山，禽桓振，除輔國參軍，南陽太守」，其立樂宅戍當在此時。據此，襄陽所轄自來不及南陽，《水經·淯水注》所謂郭仲産之《襄陽記》，當係《南雍州記》之訛。

張平子碑

題注　張平子碑條，吴慶燾稱據《水經注》補。

張平子碑，是崔瑗之詞。夏侯孝若爲郡，薄其文，復刊碑陰爲銘。

考證

按《水經·淯水注》，淯水「又徑西鄂縣。水北有張平子墓。墓之東側墳有平子碑，文字悉是古文，篆額是崔瑗之辭。盛弘之、郭仲産並云，夏侯孝若爲郡，薄其文，復刊碑陰爲銘」。孝若，夏侯湛之字，曾爲南郡太守，西鄂是其屬縣。據此及上條所證，此條既非《襄陽記》，亦非鑿齒之書。平子，張衡字。

三公城

題注　三公城條，吴慶燾云據《水經注》補。

宛城南三十里，有一城，甚卑小。相承名三公城。

考證

按《水經·淯水注》云：「郭仲産言，宛城南三十里，有一城，甚卑小，相承名三公城，漢時鄧禹等歸鄉餞離處也。」此非習氏書，疑出郭仲産《南雍州記》。

《太平御覽》一條

望楚山

題注 望楚山條，《太平御覽》卷三二引《襄陽記》及《事類賦》五注引《襄陽記》。

望楚山有三名，一名馬鞍山，一名灾山。宋元嘉中，武陵王駿爲刺史，屢登之，鄙其舊名望郢山，因改爲望楚山。後遂龍飛，是孝武所望之處，時人號爲鳳嶺。高處有三墱，即劉弘、山簡九日宴賞之所也。

考證

習氏死於東晉末年，此條載劉宋時事，自非鑿齒所著。《太平寰宇記》卷一四五亦載此事，文字全同，稱「鮑至《南雍州記》」。又《初學記》卷五引郭仲産《南雍州記》曰：「望楚山有三磴道，上磴道名香爐峰。」記述亦及此。

曾慥《類説》二條

楚王冢

題注　楚王冢條，出宋曾慥《類説》卷二引《襄陽耆舊傳》，條名作「玉鏡玉屐」。

齊建元中，盜發楚王冢，獲玉鏡玉屐，又得古書青絲簡編。

考證

建元，南朝齊蕭道成年號。盛弘之，劉宋臨川王侍郎；郭仲産爲劉宋南郡王從事，於元嘉末死於義宣之謀。故此條當出自鮑至《南雍州記》。

辛宣仲

題注 辛宣仲條，出自宋曾慥《類説》卷二引《襄陽耆舊傳》。

辛宣仲居士，截竹爲罍以酌酒，曰：「吾性甚愛竹及酒，欲令二物並耳！」

考證

《説郛》本亦引此事，文字略同，稱出王韶《南雍州記》。清同治《襄陽縣志》引《南雍州記》載：「辛居士，字夷仲，隱於襄陽漢水之西，結廬竹林中，春月鬻筍充酒資。截竹成筒，爲酒器。或問其故，答曰：『吾性愛竹與酒，欲令此二物常並耳。』巴陵王休若往造之，居士善彈箏，方坐林中，彈箏不爲禮。少頃，回語其子云：「取豹皮中五錢，爲殿下市瓜。」置箏共語。王之賓客欲聞箏者，指令居士彈。居士曰：『辛非王門伶人，何事見逼？吾所以勝於君等，正爲舉止自由。若聞命鞠躬，即與君等何異！』占對詳雅，衆不能屈。胡文定公爲之傳。」唐吴從政《襄沔記》雖不載竹、酒事，但辛宣仲事迹更詳，時間更爲具體。《記》云：「辛居士，名宣仲，隴西人。大明末，寓居襄陽縣西六里，多植松竹，栖遲其下，静嘿不交塵俗。林中起一草廬，容膝而已。善彈箏，與淮南胡陶、京兆駱惠度同志爲友，常共讌集此林，陶能吹笛，惠度工歌，拾林下絃管道韻，時人謂之三公樂。宋邵陵王休若爲南雍州刺史，躬往造焉。宣仲正在林中彈箏，了不回顧。遵巡，致箏於席，延邵陵與語，纔述寒温而已。時邵陵客有述其旨者，授箏令彈，再三固請，答曰：「辛非王門伶人，何事見逼？所勝於君者，正舉止自由。若聞命召鞠躬，復與君何異？』占對詳雅，衆不能屈。齊文惠臨州，吴興沈約奉教聘引，並不降志。約乃共論文章，宣仲輒言莊老，既各言其志，不能相屈。建武中，遇疾卒。惠度及陶，並不知所終。」據此，知辛宣仲條，既非習氏文，亦非《襄陽記》書。

《説郛》四條（《五朝小説》同）

韓係伯

題注　韓係伯條，《説郛》本以此出於《襄陽耆舊傳》。

齊韓係伯，襄陽人也，事父母謹。鄰居種桑樹於界上爲志，係伯以桑枝蔭妨他地，遷數尺。鄰畔隨復侵之，係伯輒更改種。鄰人慚愧，還所侵地，躬往謝之。

考證

此南朝蕭齊時事，非但不是習書，亦不出自郭仲産、盛弘之手，應爲鮑至《南雍州記》。係伯，《南齊書》卷五五有傳。此條「鄰居種桑」前，脱「襄陽土俗」句，使語意不明。

郭祖深

題注 郭祖深條，《説郛》本以爲出於《襄陽耆舊傳》。

梁郭祖深，襄陽人也。武帝溺情内教，朝政縱弛，祖深輿櫬詣闕上封事。

考證

郭祖深，南朝梁人，《南史》卷七十《循吏傳》有傳，其事當出於鮑至《南雍州記》。其「輿櫬詣闕」事《南史》所載甚詳。

蔡道貴

題注 蔡道貴條，《説郛》本以爲出自《襄陽耆舊傳》。

齊蔡道貴，襄陽人。拳勇秀出，當時以比關羽、張飛。

考證

蔡道貴爲南朝蕭齊時人，事迹當出自鮑至《南雍州記》。

魚弘

題注 魚弘條，《説郛》以爲出自《襄陽耆舊傳》。

梁魚弘，襄陽人。白晰，美姿容，凡五爲太守，卒官。

考證

魚弘爲南朝蕭梁時人，此條當出於鮑至《南雍州記》。魚弘，《梁書》卷二八有傳，其歷南譙、盱眙、竟陵、新興、永寧五郡太守。

《墨娥漫録》一條

荀巨伯

題注 荀巨伯條，《墨娥漫録》（《説郛》卷四，商務本）以爲出《襄陽記》。

《世紀》：荀巨伯遠看友人疾。值胡賊攻郡，巨伯不忍去。賊既至，謂巨伯曰：「大軍至，一郡並空，汝何男子，敢獨止此？」巨伯曰：「友人疾，不忍委之，寧以我身代友人之命。」賊知其賢，旋軍而還。

考證

此條，《墨娥漫録》當輯自《太平御覽》卷四〇九。《太平御覽》引《世説》曰：「荀（臣）〔巨〕伯遠看友人疾，值胡賊攻郡，（臣）〔巨〕伯不忍去。賊既至，謂（臣）〔巨〕伯曰：『大軍至，一郡並空，汝何男子，輕大軍而敢獨止？』（臣）〔巨〕伯曰：『有友人疾，不忍委之，寧以身代友之人命。』賊知其賢，自相謂言：『我輩無義之人，而入有義之國。』疾促軍而還，一郡並全。」本條「世紀」爲「世説」之訛，輯録時有删節處。《世説》即《世説新語》，其《德行篇》載此，文曰：「荀巨伯遠看友人疾，值胡賊攻郡，友人語巨伯曰：『吾今死矣，子可去！』巨伯曰：『遠來相視，子令吾去，敗義以求生，豈巨伯所行邪！』賊既至，謂巨伯曰：『大軍至，一郡盡空，汝何男子，而敢獨止？』巨伯曰：『友人有疾，不忍委之，寧以我身代友人命。』賊相謂曰：『我輩無義之人，而入有義之國。』遂班軍而還，一郡並獲全。」與《太平御覽》相較而詳，《太平御覽》亦係摘引。按《世説新語》，宋劉義慶撰。義慶晚於鑿齒，此條自非習書。又劉孝標注引《荀氏家傳》曰：「巨伯，漢恒帝時人也，亦出潁川，未詳其始末。」潁川屬豫州，襄陽屬荆州，荀巨伯亦不得入《襄陽耆舊記》中。

附録三　有關《心齋十種》本《襄陽耆舊記》的幾個問題淺探

一九七六年，我在武大襄陽分校文史系工作，課餘之暇，擬寫《隆中史話》，曾於湖北省圖書館查閱資料，見明萬曆《襄陽府志》，書中載「(蒯)欽從祖祺婦，即諸葛孔明之大姊」。蒯欽、蒯祺，何許人也？《府志》這一記載，根據何在？不能得其究竟。後見《晉書·楊駿傳》，得知蒯欽西晉時人，是楊駿的「姑子」，與駿「少而相昵」，曾爲弘訓宫少府，不僅是襄陽中盧縣的豪强，也算得上西晉時期第一流的大族。但是，《府志》記載的出處仍不清楚。直至去年，爲了撰寫一篇關於諸葛亮在襄陽故舊方面的文章，先後查閱了《襄陽四略》附吴慶燾輯補的《襄陽耆舊記》和任兆麟《心齋十種》本《襄陽耆舊記》，方得知《府志》上述記載全文録自《襄陽耆舊記》，這進一步引起了我對《襄陽耆舊記》版本、體例等方面的興趣，並著手對《心齋十種》本《襄陽耆舊記》進行重新校補。現在，校補工作基本結束，回頭來對版本、體例等問題作一粗淺的論述，藉以求教於史學先輩及同行諸君。

是輯本還是殘本

《心齋十種》本《襄陽耆舊記》是輯本還是殘本？這是早在清代就已提出了的問題。光緒乙酉（一八八五年）《襄陽府志》卷一七《藝文志》，在談到習鑿齒撰《襄陽耆舊記》時載：

是書久佚，今《心齋十種》有其本，自是後人重纂者。

明確地指出是輯本。這個看法雖比較籠統，但還是有一定根據的。首先，我們知道，任兆麟在《心齋十種》本《襄陽耆舊記》序中就提到，他曾「補正數處」，即「補」鄧攸一條，「正」二條十處。其次，任兆麟所依據的明神宗萬曆郡齋本，也有輯補的痕迹。如祇做過平陽太守的李重，竟納入到襄陽守宰類，決非習鑿齒的過錯，祇能是後人誤補；又如，漢光武時爲侍中的習郁和他父親習融的事迹，倒置於三國時楊儀等人之後，這顯然也不是習書原來的順序。因此，可以肯定地説，不僅《心齋十種》本，就是萬曆郡齋本也是經過後人輯補的本子。

雖然如此，但總的來看，《心齋十種》本並不是一個輯本。《三國志・諸葛亮傳》盧弼集解引沈家本校本〔一〕載：

> 《隋志》：《襄陽耆舊記》，五卷。習鑿齒撰。二《唐志》卷同，「記」作「傳」；《宋志》卷同，「傳」作「記」。《文選・南都賦》注引亦作「記」。《崇文總目》，三卷，今佚；有任兆麟《心齋十種》本，有脱誤。

校本認爲：一、習書當稱《襄陽耆舊記》；二、載《崇文總目》的三卷「今佚」。言下之意，《心齋十種》本似乎應算作輯本；三、《心齋十種》本「有脱誤」，是指輯文有脱、有誤，還是説相對於三卷本「有脱漏」？ 含義不很明晰，大概還是認爲《心齋十種》本爲輯本。

清人周中孚却有明確的否定的看法，在他撰著的《鄭堂讀書記》卷二三，引出《心齋十種》本後稱：

案……此本前，有明萬曆癸巳陸長庚序稱「《襄陽耆舊傳》，紹熙初，太守吳琚刻於郡齋，泯滅久，郡無得而覯焉。宜城〔二〕胡價初得於臨海，梓以歸〔三〕。前載人物，中載山川、城邑，後載牧守」云云。是價初梓與晁説合，當屬宋人舊本。而是本止三卷，前二卷爲人物，凡三十二人；後一卷爲牧宰，凡十人。文田（文田，任兆麟字，本文作者注）序稱：「家藏一册，前神宗時郡齋刊本，不載山川、城邑，世勘傳本，脱訛頗多。今爲正數處，以備史傳記一家。」則又與長庚序胡刊本不合。夫文田所藏，亦即胡本，疑原本已亡其山川、城邑二卷。

任兆麟據以翻刻的「前神宗時郡齋刊本」，即明萬曆本，它「不載山川、城邑」，實僅三卷。陸序稱：「前載人物，中載山川、城邑，後載牧守，晁氏謂記録叢雜，非傳體也，名記可已。」長庚因臨海所得本稱《襄陽耆舊傳》，故略引晁公武語以釋之，非謂臨海本具「山川、城邑」也。明人著述，雖多粗率，亦不致爲序而「未核及本書」。又萬曆郡齋翻刻本所據爲紹熙吳本之流傳於臨海者，當亦祇三卷。因此，北宋慶曆《崇文總目》所載三卷本《襄陽耆舊傳》並未亡佚，《心齋十種》本除掉後人輯補者外，應該就是它的殘本。

認爲《心齋十種》本是紹熙本的殘本，還有兩條理由：

一、《心齋十種》本序稱《襄陽耆舊傳》三卷本：

中列時代，以晉繼漢，以漢繼周，居然春秋筆法。

「以晉繼漢，以漢繼周」，是任兆麟從明萬曆本排列内容上概括出來的，它既符合習鑿齒「黜魏帝蜀」的寫作思想，又決非一般輯佚本所能虛構出來的體例。

二、判斷是否殘本最主要的根據，應該是對内容的考察。前面提到萬曆《襄陽府志》載「(蒯)欽從祖祺婦，諸葛孔明之大姊也」，既不見於此前類書、史注、叢書，却與《心齋十種》本文句全同，那衹可能出自萬曆時尚存在於襄陽的《襄陽耆舊傳》的殘本，推測即臨海所得紹熙本，此爲一例。朱謀㙔撰《水經注箋》，成書亦在萬曆。引《襄陽耆舊傳》云：

蔡瑁，字德珪，性豪自喜，少爲魏武所親。瑁家在蔡洲上，屋宇甚好，四壁皆以青石結角，婢妾數百人，别業四五十處。

這段資料，亦不見於史注、叢書及類書；雖爲節録，但文句亦與《心齋十種》本同，當與《襄陽府志》引文一樣，均出自紹熙殘本。此爲二例。朱箋又引《襄陽耆舊傳》云：

楊儀，字公威，爲蜀相諸葛亮長史。亮出軍，儀常規劃分部，籌度糧穀，不稽思慮，須臾便了。

楊顒，字子昭，爲丞相亮主簿。後爲東曹屬，典選舉。及顒死，亮泣之曰：「掾曹非楊顒，於朝中多損益矣。」

楊顒事，見《三國志》注引《襄陽記》，故可不論。楊儀，《三國志》有傳，文義全同，若非朱謀𡍼見《襄陽耆舊傳》殘本，當不會捨《三國志》而引此。此爲三例。盧弼撰《三國志集解》，成書於民國二十五年（一九三六年），其書卷六《劉表傳》引《襄陽耆舊傳》云：

蔡瑁，字德珪，襄陽人，性豪自喜，少爲魏武所親。劉琮之敗，武帝造其家，入瑁私室，呼見其妻子。謂曰：「德珪，故憶往昔共見梁孟星，孟星不見人時否？聞今在此，那得面目見卿邪！」瑁家在蔡洲上，屋宇甚好，四墻皆以青石結角，婢妾數百人，別業四五十處。漢末，諸蔡最盛，蔡諷姊適太尉張温，長女爲黄承彦妻，小女爲劉景昇後婦，瑁之姊也。

同書卷三五《諸葛亮傳》引《襄陽耆舊傳》云：

漢末，諸蔡最盛，蔡諷姊適太尉張温，長女爲黄承彦妻，小女爲劉景昇後婦，瑁之姊也。

這些不見於他書轉引的蔡瑁事迹，正是出於對《心齋十種》本《襄陽耆舊傳（記）》的摘録。此爲四例。此外，如繁仲皇、習詢、習竺、習承業、習藹、蒯欽等條，均係他書不見引録者。因此，《心齋十種》本源於南宋紹熙郡齋刻本，是《襄陽耆舊記》、特别是三卷本《襄陽耆舊傳》經過後人補輯過的殘本。

《襄陽耆舊記》體例探微

《心齋十種》本《襄陽耆舊記》雖説是殘本，但從保留下來的人物和牧守傳記中，也可以推證出習鑿齒編著此書的基本體例和某些重要的特點。

首先，從總體上來考察《襄陽耆舊記》的體例，需藉助於南宋晁公武的《郡齋讀書志》。它説《襄陽耆舊記》「前載襄陽人物，中載其山川、城邑，後載其牧守」。説明習書包括兩個大的部分：一是以人爲本的傳，一是以物爲本的記。以人爲本的傳又分爲襄陽人物、襄陽牧守兩類；以物爲本的記又分爲襄陽山川和襄陽城邑。這裏突出了「襄陽」這一嚴格的地理概念。山川、城邑散佚，僅從《心齋十種》本保留下來的「人物」傳考察，計有襄陽習融及其後裔、龐德公子侄、蔡瑁、楊慮兄弟、繁仲皇、黄承彦、董恢、張悌、李衡、羅憲兄弟等；鄢之宋玉(鄢，楚地，東晉時屬襄陽之宜城)；宜城馬良兄弟、王逸父子、向朗父兄子侄；中盧廖化、蒯欽。又從楊守敬《水經注疏》的考察，酈道元引用的資料，有據可查的出自習鑿齒《襄陽記》者，在《沔水注》中，起自山都，經鄧、襄陽、中廬、邔，到宜城；在《淯水注》者，僅及鄧縣。按《晉書》卷一五《地理志》載，襄陽郡統轄「宜城、中廬、臨沮、邔、襄陽、山都、鄧城、鄾」八縣。從上述《心齋十種》本人物籍貫及楊守敬考證，涉及襄陽、宜城、中廬、山都、鄧城、邔六縣。因此可以推證，《襄陽耆舊記》中的「襄陽」，是指習鑿齒生活的晉代的襄陽郡。凡超過這一地理範圍以外的「人物」，甚至山川、城邑的有關記載，當不屬習鑿齒《襄陽耆舊記》的内容。至於「襄陽牧守」，概念似有所不同。胡烈爲荆州刺史，牛祜爲都督荆州諸軍事，杜預爲鎮南大將軍、都督荆州諸軍事，山簡爲征南將軍、都督荆、湘、交、廣四州諸軍事，劉弘爲南蠻校尉、荆州刺史，皮初爲襄陽太守，桓宣爲監沔中諸軍事、南中郎將。九人中，襄陽太守僅二人。因此，所謂「襄陽牧守」，並非僅指襄陽守令，但有一點是一致的，就是這些軍政長官，其治所都設在襄陽，這大概正是習鑿齒編纂「襄陽牧守」傳的原則之一。

其次，習鑿齒立「人物」、「牧守」傳，在時代標列上也有一條原則，那就是任兆麟概括的「以晉繼漢，以漢繼周」，用以體現其「黜魏帝蜀」的「春秋筆法」。《心齋十種》本人物、牧守，起自宋玉，止於朱序，可算得上是一部「襄陽地方通史」。陸龜蒙撰《讀〈襄陽耆舊傳〉因作詩五百言寄皮襲美》有云：「暴秦之前人，灰滅不可究。自從宋生賢，特立冠耆舊。」知《心齋十種》本以《宋玉傳》爲卷首不誤。習鑿齒以周、漢、晉三代爲正統，其所謂「漢」包括整個三國時期。「漢」之「人物」，立傳者最多，大體上以東漢末以前人物爲第一卷，三國人物雖稱「漢」人物，但合晉人物爲第二卷，亦即基本上按時代先後排列順序。其「襄陽牧守」，亦以此爲次第。山川、城邑散佚，其體例無法確證，推測大抵以山川、城邑分類，吴慶燾即按此補爲兩卷，似可遵循。

再次，《心齋十種》本《襄陽耆舊記》人物類中，以《蔡瑁傳》保存得最爲完整，通過對它的剖析，大體上可以看出習鑿齒撰述的具體體例和特點。《蔡瑁傳》共分四段，首段叙述蔡瑁的政治、經濟地位；二段擴大叙述蔡氏宗族的盛衰；三段簡叙蔡瑁歷任官職；最後，習氏引用曹丕的《典論》來評述蔡瑁的品德操行。可以看出，《襄陽耆舊記》的「人物」傳，大體上應包括傳主的簡歷、家世，但側重於個人品德操行的描繪。這點也可以從《龐德公傳》得到證實。《龐德公傳》也可分爲四段。首段簡述德公簡歷、家宅後，通過德公與劉表的對話襯托出德公的品德與情操；二段通過德公與司馬德操、徐元直、諸葛亮的交往，進一步描寫其離世脱俗的風貌；三段引《先賢傳》語介紹德公有知人之鑒；最後是其子山民、孫焕的附傳。其所以爲山民、焕立附傳，也主要是他們在品德方面有突出之處。蔡瑁、龐德公是《襄陽耆舊記》人物類中，在品德操行上相對立的典型，習鑿齒都爲之立傳詳述，或藉以彰明作者撰述之意向。不僅「人物」類側重品德記叙，「牧守」類也是如此。羊祜、杜預、皮初，都是當時重要的軍事、政治人物，但在《襄陽耆舊記》的本傳中，很少提到這些方面的事迹。《羊祜傳》詳載其愛民秩事及墮泪碑的建立；《杜預傳》則叙述其「愛身後名」，分沉兩碑於萬山、峴山潭中事；至於山簡，更是細緻描繪他常沈醉習家池、不奏女樂等有關操行品性方面的故事。我推測，這一方面似乎是習鑿齒有意側重品德操行的撰述，以便與其政治史《漢晉春秋》相區別、又相互補充；另一方面，這正是作爲筆記小説形式出現的《襄陽耆舊記》的一個寫作特點。

第四，諸葛亮十五歲隨叔父到襄陽；十七歲遷居隆中，在此「隱居」十年。隆中在晉時屬襄陽郡。《襄陽耆舊記》是否曾爲其立傳？前引陸龜蒙詩有云：「孔明卧龍者，潛伏躬耕耨，忽遭玄德雲，遂起鱗角鬥。」陸長庚在明萬曆《襄陽耆舊傳》序中也説：「孔明龍伏隆中，士元鳳栖東野。」似乎《襄陽耆舊記》曾爲他們立傳。其實不然，裴松之注《三國志》引《襄陽記》二十一條，引龐德公條及孔明拜見德公，引附龐山民條及孔明小姊，引黄承彦條及孔明之妻，而不見引諸葛亮條，並非裴松之之疏漏，實習鑿齒不作此傳。與諸葛孔明同時代活躍於襄陽，但《襄陽耆舊記》不爲立傳者甚多，如繁欽、王粲、崔州平、徐元直，以至司馬德操。這些人長期寄寓襄陽，且品德操行逸事甚多，其所以不爲立傳，正以其流寓寄居，非「襄陽耆舊」之故。

誤入《襄陽耆舊記》書文索源

裴松之注《三國志》引習書作《襄陽記》，後人亦多簡稱《襄陽耆舊記》爲《襄陽記》。除習著《襄陽記》外，《太平廣記》又引出郭重産《襄陽記》。《太平廣記》卷二九六蘇嶺廟條：

襄陽蘇嶺山廟，門有二石鹿夾之，故謂之鹿門山。習氏《記》云：「習郁（常）〔嘗〕爲侍中，從光武幸黎丘，郁與光武俱夢見蘇嶺山神，因使立祠。」郭重産《記》云：「雙石鹿自立如門，采伐人常過其下，或有時不見鹿，因是知有靈端。梁天監初，有蜯湖村人於此澤間獵，見二鹿極大，有異於恒鹿，乃走馬逐之。鹿即透澗，直向蘇嶺。人逐鹿至神所，遂失所在，唯見廟前二石鹿，獵者疑是向者鹿所化，遂回。其夜，夢見一人，著單巾幘，黄布袴褶，語云：『使君遣我牧馬，汝何驅迫？賴得無他，若見損傷，豈得全濟！』」

此處見兩《襄陽記》：一出習鑿齒手筆，一爲郭重産所撰，且重産應係梁天監以後人。

又《水經·淯水注》「樂宅戍」條云：

郭仲産《襄陽記》曰：「南陽城南九十里，有晉尚書令樂廣故宅。廣，字彦輔，善清言，見重當時。成都王，廣女婿，長沙王猜之。廣曰：『寧以一女而易五男。』猶疑之，終以憂殞。其故宅今置戍，因以爲名。」

郭重産、郭仲産，音近易訛，當是一人。晉樂廣故宅在南陽城南九十里，南陽郡治宛，「南陽城」即宛城。《北堂書鈔》卷七九引盛弘之《荆州記》載，樂廣宅在「襄陽范蠡祠南七十里」，「周圍十餘畝，曩舊井猶未頹。檀道濟置邏其中，即名樂宅戍」。《水經·淯水注》稱：「宛城側有范蠡祠。蠡，宛人，祠即故宅也。……夏侯湛之爲南陽，又爲立廟焉。」因此，《荆州記》之「襄陽」，當爲「南陽」之訛。又據《宋書》卷四三《檀道濟傳》，道濟爲南陽太守，置戍樂廣故宅，在東晉義熙元年（四〇五年），文中「今置戍」之「今」，當指東晉末年。總之，「樂廣故宅」或「樂宅戍」，在南陽，不屬襄陽郡，不當載於《襄陽記》；如果確係郭仲産所撰，亦應爲《南雍州記》而不得稱之爲《襄陽記》。但是，此處之郭仲産，應該是晉、宋之際人，又與《太平廣記》引載不合。

據《隋書·經籍志》和《新唐書·藝文志》,郭仲産撰有《湘州記》一卷、《荆州記》二卷。王謨在郭仲産《荆州記》序録中載:

《渚宫故事》曰:「宋郭仲産爲南郡王從事,宅有枇杷樹。元嘉末,起齋屋,以竹爲楄,遂漸生枝葉,條長數尺,扶疏鬱翠,蓊然如林,仲産以爲吉祥。俄而同義宣之謀,被誅焉。按,《史通》言,《十六國史》内,有宋尚書庫部郎郭仲産選撰趙石事〔四〕,若此,《荆州記》正從事南郡王時所作;而其先嘗爲尚書庫部郎。

據《宋書》卷六八《南郡王義宣傳》,元嘉二十一年(四四四年),義宣以南譙王都督荆、雍、益、梁、寧、南北秦七州諸軍事,荆州刺史,鎮江陵。孝武帝即位,孝建元年(四五四年),以義宣爲丞相、揚州刺史,改封南郡王。義宣固辭内任,改授都督荆、湘、雍、益、梁、寧、南北秦八州諸軍事,荆、湘二州刺史,丞相如故。「將佐以下,並加賞秩」:原長史張暢除吏部尚書,仍爲丞相長史;諮議參軍蔡超除尚書吏部郎,仍爲丞相諮議參軍;司馬竺超民除黄門侍郎,仍爲丞相司馬;「其餘各有差」。因此推知,郭仲産除尚書庫部郎,仍爲丞相從事,似非「先固嘗爲尚書庫部郎」。又「義宣在鎮(治江陵)十年」，孝建元年二月舉兵反，六月兵敗被殺，仲產同時被誅。其撰著《南雍州記》、《荊州記》（還應包括《湘州記》、《南秦州記》又稱《仇池記》）應在元嘉二十一年至孝建元年之間。據此可以肯定，《太平廣記》所引天監初獵人逐鹿事，不僅不出於《襄陽記》，也不可能是郭仲產的其他著作。

《太平廣記·蘇嶺廟》條「郭重産記」，有没有可能是當時流行較廣的盛弘之《荊州記》的佚文？按《隋書·經籍志》載：《荊州記》三卷，宋臨川王（義慶）侍郎盛弘之撰。據清光緒二十四年（一八九八年）湘鄉陳毅（字詒重）《荊州記》輯本跋考證：盛弘之《荊州記》「始於元嘉九年（四三二年）六月，而迄於十六年（四三九年）正月」。成書尚略早於郭仲產《南雍州記》和《荊州記》，當然也不可能是盛弘之之書。

《太平廣記》載稱出自《襄陽記》的蘇嶺廟條，其體例頗與《襄陽耆舊記》牧守類羊祜條、杜預條相似。羊、杜條均係前載習氏文而後附《南雍州記》，所謂「郭重産記」，疑爲《南雍州記》之訛誤。《隋書·經籍志》載：「《南雍州記》六卷，鮑至撰。」《太平御覽》卷一八五引《襄沔記》載鮑至云（王謨引此條稱「《太平御覽》引《南雍州記》云」）：

簡文爲晉安王，鎮襄陽日，又引劉孝威、庾肩吾、徐防、江伯標、孔敬通、惠子悦、徐陵、王囿、孔鑠等,於此齋(指刺史院内高齋)綜覆詩集。於時,鮑至亦在,凡數十人,資給豐厚,日設肴饌,號爲高齋學士。

按《梁書》卷四《簡文帝紀》載,簡文於天監五年(五〇六年)三歲時封晉安王。普通四年(五二三年)爲南雍州刺史,出鎮襄陽。中大通二年(五三〇年)征爲揚州刺史,在襄陽有七年之久。《梁書》卷四九《文學·庾肩吾傳》載:

初,太宗(即簡文帝蕭綱)在藩,雅好文章士。時肩吾與東海徐摛,吴郡陸杲,彭城劉遵、劉孝儀、儀弟孝威,同被賞接。

徐摛是徐陵的父親,據《梁書》卷三〇《徐摛傳》,他是在普通四年蕭綱爲南雍州刺史時,「固求隨府」,和晉安王一起「出鎮襄陽」的。而庾肩吾以晉安王常侍,同樣是「每王徙鎮,肩吾常隨府」。當中大通三年(五三一年)七月,蕭綱被立爲太子,隨府的那些「文章士」們,大概也都成了東宫的屬官。《庾肩吾傳》載:

及居東宫，又開文德省，置學士，肩吾子信、摛子陵、吴郡張長公、北地傅弘、東海鮑至等充其選。

庾肩吾、庾信，徐摛、徐陵，和鮑至一樣，都是從襄陽的「高齋學士」，成爲「文德省學士」的。

綜合以上資料，我們可以知道，鮑至是梁武帝時東海人，簡文爲南雍州刺史，鎮襄陽，鮑至爲「高齋學士」之一，後隨簡文至建康，爲「文德學士」，其撰寫《南雍州記》的時間，約在普通四年至中大通二年間（五二三年至五三〇年）。在時間和地點方面，與《太平廣記·蘇嶺廟》條所謂「郭重産記」都無矛盾，因此該條最有可能出於鮑至之手。

校注

〔一〕盧弼復胡綏之先生書稱沈家本校本：「是書，校語極精，惜未刊行，友人沈羹梅藏。惟訛奪滿目，校正數十百條，歸之。」

〔二〕「宣城」，陸序誤刻爲「宣城」，依吴本改。

〔三〕陸序原文爲「司寇胡公價，初令臨海，得於學士先生梓以歸」。周中孚誤「胡公價」爲「胡公價初」。釋見陸序吴慶燾注。又，陸氏但據晁氏説而著之，而未核及本書。明人之粗率，往往如此，不足異也。

〔四〕見《史通》卷一二正史部。

南雍州記

輯校南雍州記序

永嘉之亂，三輔豪族、流民多南下樊沔，晉元帝即時籠絡，以魏該爲雍州刺史，寄鎮酇城（今湖北光化、均縣之間，沔水北岸）。時未以雍州領襄陽。孝武帝時，僑置雍州於襄陽，並立僑郡縣（襄陽郡仍屬荆州，州治江陵）。至太元五年，以朱序爲南雍州刺史〔一〕，襄陽始專爲雍州刺史治所。時僑郡屬軍府，而實土舊郡仍隸荆州，故《宋志》云：「宋文帝元嘉二十六年（四四九年），割襄陽、南陽、新野、順陽、隨五郡爲雍州；而僑郡縣猶寄寓在諸縣界。」宋武帝永初元年，以京兆等僑郡縣隸雍州。孝武帝「大明土斷」，分襄陽等五郡及屬縣實土以爲僑郡縣境，並以京兆、始年、扶風、南上洛、廣平、義成、馮翊、建昌、華山、北河南、弘農等十一郡隸雍州。至此，南雍州領土郡五、僑郡十一，僑土合一，軍政並權，治襄陽之南雍州，遂爲大鎮强藩。後至梁武帝太清二年（五四八年），南雍州刺史蕭詧北降，西魏改南雍爲襄州。自元嘉二十六年至太清二年，實土南雍州爲時逹百年。南雍「北接宛洛，跨對樊沔，爲鄢郢北門，梁武帝起兵於此」〔二〕，實爲南朝要地。故專記此地山川典故之《南雍州記》，當是繼《襄陽耆舊記》之後，又一種具有輯校整理價值的史書。

《南雍州記》，作者確定可考者共有兩部。

一部的作者是郭仲産。郭仲産，晉、宋間人。宋元嘉二十一年，南譙王劉義宣爲都督荆、雍、益、梁、寧、南北秦七州諸軍事，荆州刺史；仲産以王國從事，隨義宣鎮江陵。孝武帝即位，義宣爲丞相，仍都督荆、湘、雍、益、梁、寧、南北秦八州諸軍事，荆、湘二州刺史，鎮江陵；仲産除尚書庫部郎，仍爲丞相從事〔三〕。同年六月，義宣以叛伏誅，仲産亦被殺。其《荆州記》、《湘州記》、《南雍州記》及《南秦州記》（即《仇池記》），當成書於元嘉之末，故其《荆州記》不及襄陽等五郡事。酈道元注《水經》，於沔、淯、潕水，引《南雍州記》或稱「郭仲産曰」，均在割歸南雍州之襄陽五郡内，即爲郭仲産撰《南雍州記》書文。

另一部《南雍州記》之作者爲鮑至。《隋志》：鮑至撰《南雍州記》六卷。鮑至，齊梁時人。晉安王蕭綱爲南雍州刺史，多集文學之士，「綜覆詩集」，鮑至即其「高齋學士」十人之一，其《南雍州記》當成書於梁武帝中大通二年（五三〇年）前後〔四〕。鮑至《南雍州記》成書晚於酈道元注《水經》，故《水經注》不見引鮑至《南雍州記》。

兩《南雍州記》早佚。今據《水經注》、《初學記》、《北堂書鈔》、《史記正義》、《太平御覽》、《太平廣記》、《太平寰宇記》、《輿地紀勝》及《説郛》等書輯得四十五條（重複條不計）。其中，可以確定爲郭仲産書者十六條，鮑至書者十三條，另有無法確定作者的十六條，按先後輯校於次。輯校中出現條目有所省略的情況，均以圓括號（　）的形式加以補充，以利閱讀。

輯者查閲面狹，資料收集疏漏和校訂失當處一定很多，懇請指正，以便今後進一步修改訂正。

注釋

〔一〕朱序初爲「梁州刺史」，鎮襄陽，太元二年陷於苻秦，見《晉書》卷八一《朱序傳》。《元和郡縣志》誤以爲太元二年前朱序爲「南雍州刺史」。

〔二〕見《輿地紀勝》卷八二《襄陽府沿革》。

〔三〕參見拙文《有關〈心齋十種〉本〈襄陽耆舊記〉的幾個問題淺探》。

〔四〕參見拙文《有關〈心齋十種〉本〈襄陽耆舊記〉的幾個問題淺探》。

郭仲産撰南雍州記輯本

酇縣故城

題注　酇縣故城條，《水經·淯水注》稱「郭仲産曰」，當爲郭仲産《南雍州記》，釋見序。

酇縣故城，在攻離山東南，酇舊縣也。

考釋

酇道元稱：「酇有二城，（此）北酇也。」按：北魏時，析酇爲南北二城，此北酇即酇故城。漢高祖入關，「下淅、酇，即此縣也」。劉宋時，屬南雍州南陽郡，今河南南召縣西南，在淯水南岸。

張平子碑〔一〕

題注 張平子碑條，據《水經・淯水注》，稱「盛弘之、郭仲産並云」，則盛弘之《荆州記》與郭仲産《南雍州記》均載此，且文句並同。

張平子墓，墓之東側，有平子碑，文字悉是古文，篆額，是崔瑗之辭〔二〕。夏侯孝若爲郡〔三〕，薄其文，復刊碑陰爲銘。墓次有二碑。

校注

〔一〕張衡，字平子，南陽西鄂人。永和初爲河間相，四年卒，年六十二。《後漢書》卷五十九有傳。

〔二〕崔瑗，字子玉，駰子，《後漢書》卷五二《崔駰傳》有附傳。駰，涿郡安平人，瑗「與扶風馬融、南郡張衡特相友好」。

〔三〕夏侯湛，字孝若，譙國譙人，《晉書》卷五五有傳。武帝時，「出補南陽相」。惠帝即位，以爲散騎常侍，卒，年四十九。

考釋

酈道元稱，淯水「徑西鄂縣南，水北有張平子墓」。則墓在西鄂縣城與淯水間。西鄂，據《永初郡國志》，屬南雍州南陽郡。又稱：「碑陰二銘，乃是崔子玉及陳翕耳，而非孝若；悉是隸字，二首並存，嘗無毀壞。」則「文字悉是古字篆額」，及碑陰爲孝若銘均不實。子玉、孝若銘文均存。楊守敬《水經注疏》云：「孝若之文，比子玉字加一倍，非前碑之陰所能容。盛、郭謂刊碑陰自誤。其又言墓次有二碑，極是。蓋一碑爲子玉作，一碑爲孝若作也。酈氏親至墓次，惟見子玉之作，豈蒙茸或不易披乎！歐、趙、婁亦但見子玉之作，洪（邁）又但見孝若之作，皆搜求之漏也。」

博望故城

題注 博望故城條，據《水經・淯水注》，稱「郭仲産曰」，當爲郭仲産撰《南雍州記》。

（博望故城）在郡東北一百二十里[一]，漢武帝置。校尉張騫隨大將軍衛青西征，爲軍前道相望，水草得以不乏。元興六年封騫，爲侯國。

校注

〔一〕在郡東北一百二十里 「郡」，當爲南雍州之南陽郡。

考釋

楊守敬《水經注疏》以爲：「在郡東北一百二十里」句，爲「仲産《南雍州記》文」；此後，則爲酈道元「鈔變《漢書·張騫傳》文」。按「漢武帝置」與上文爲一完整句，後文亦可認爲郭仲産鈔變《漢書》，不必爲酈文。

三公城

題注 三公城條，據《水經·淯水注》，稱「郭仲産言」，當出自郭氏《南雍州記》。

宛城南三十里，有一城，甚卑小，相承名三公城，漢時鄧禹等歸鄉餞離處也〔一〕。

校注

〔一〕《後漢書》卷一六《鄧禹傳》：「字仲華，南陽新野人。」

樂宅戍

題注　樂宅戍條，《水經·淯水注》稱「郭仲産《襄陽記》曰」。按，樂宅戍在南陽郡宛縣，不屬襄陽，《襄陽記》當係《南雍州記》之訛誤，釋詳拙文《關於〈心齋十種〉本〈襄陽耆舊記〉的幾個問題淺探》。

南陽城南九十里，有晉尚書令樂廣故宅。廣，字彦輔，善清言，見重當時。成都王，廣女婿，長沙王猜之。廣曰：「寧以一女而易五男。」猶疑之，終以憂殞〔一〕。其故居今置戍，因以爲名。

校注

〔一〕此事見《世説新語·言語篇》，稍詳。

馬仁陂

題注　馬仁陂條，《水經·潕水注》載稱「郭仲産曰」，當出郭氏《南雍州記》。

〔馬仁〕陂〔一〕，在比陽縣西北五十里。蓋地百頃，其所周溉田萬頃，隨年變種，境無儉歲。

校注

〔一〕馬仁陂，時當屬南陽郡舞陰縣。「舞陰」，《水經·潕水注》作「潕陰」。

方城

題注　方城條，《水經·潕水注》稱「郭仲産曰」，當出自郭氏《南雍州記》。

苦菜於東之間，有小城名方城，東臨水溪。尋此城致號之由，當因山以表名也。

考釋

《水經·潕水注》云：「苦菜即黄城也。及於東通，爲方城矣。」按酈氏引《郡國志》云：「葉縣有方城。」據《永初郡國志》，葉縣，時屬南陽郡。方城在葉縣西南，今屬河南。

武當山

題注

武當山條，《太平寰宇記》卷一四三、《太平御覽》卷四三均作「郭仲産《南雍州記》」；《説郛》卷六一稱《南雍州記》，却誤爲晉王韶作。此以《太平御覽》爲本，校之以《太平寰宇記》及《説郛》。

武當山〔一〕，廣員三四百里〔二〕，山高壟峻，若博山香爐。苕亭峻極，於霄出霧，學道者常百數〔三〕，相繼不絶。若有於此山學者，心有隆替，輒爲百獸所逐〔四〕。

校注

〔一〕武當山　此三字《説郛》作「太和山」。

〔二〕廣員三四百里　「員」字原無，據《太平寰宇記》補；又《説郛》本無「廣員三四百里」句。
〔三〕學道者常百數　「常」，宋校本《太平寰宇記》作「嘗」，金陵局本作「常」。
〔四〕輒爲百獸所逐　《説郛》本漏「百」字。

香爐峰

望楚山，有三磴道。上磴道名香爐峰。

題注　香爐峰條，據《初學記》卷五引郭仲産《南雍州記》。

穰

（穰，）楚之别邑。秦初侵楚，封公子悝爲穰侯。後屬韓，秦昭王取之也。

題注　穰條，據《史記》卷四五《韓世家》襄王十一年，秦伐韓，取穰，唐張守節《正義》引郭仲産《南雍州記》載。

考釋

王謨引此，作鮑至《南雍州記》。按《正義》引文明晰，王謨誤。

靈龜

題注　靈龜條，《太平寰宇記》卷一四二《鄧州·穰縣·靈龜》條引郭仲産《南雍州記》。

石橋水汚而爲池，出靈龜，色如金縷。

考釋

石橋水，趙宋時屬鄧州穰縣。劉宋時，屬新野郡穰縣，今河南鄧州市。又《水經·淯水注》云：「梅溪又南，謂之石橋水，又謂之女溪，南流，又左注淯水。」

沟口

題注 沟口條，《太平寰宇記》卷一四二《鄧州·内鄉·析水》條引郭仲産《南雍州記》。

丹水，合沟口。

考釋

《太平寰宇記》：析水，「即《水經》之沟水也。出（析）縣北，南入於沔，謂之沟口」。沟口爲丹水、沟水會合後入沔之口，今湖北均縣。

襄陽

題注 襄陽條，《太平寰宇記》卷一四五《襄州》引「郭仲産」云，當爲郭氏《南雍州記》。

劉表嗣子北降，襄陽、沔北，爲戰伐之地。自羊公鎮此，吴不復入。東晉大將軍庾翼將謀北伐，遂鎮襄陽。

上黄縣

題注　上黄縣條，《太平寰宇記》卷一四五《襄州·南漳縣》引郭仲産《南雍州記》。

晉平吴，割臨沮之北鄉，立上黄縣。

樊

題注　樊條，《太平寰宇記》卷一四五《襄州·鄧城縣》稱「《荆州圖副》，郭仲産、摯虞等《記》俱云」。所謂郭仲産「記」，即郭仲産撰《南雍州記》。

樊，本仲山甫之國。

黄　尚

題注　黄尚條，據《北堂書鈔》卷六一引郭仲産《南雍州記》。

黄尚爲司隸，咸服也。

考釋

《北堂書鈔》引《楚國先賢傳》載：「黄尚，字伯可，爲司隸校尉，姦慝自弭。言其人不素食也。」黄尚，後漢順帝時人，曾爲大司農，轉司徒。《後漢書》卷六《順帝紀》稱「大司農南郡黄尚爲司徒」。唐李賢注云：「黄尚，字伯河，河南邔人也。」按《宋書·州郡志》，劉宋時邔縣屬南雍州襄陽郡。

鮑至撰南雍州記輯本

蕭相國祠

(蕭)何昔受封於此，廟今相傳爲城隍神。

題注　蕭相國祠條，《太平寰宇記》卷一四五《襄州・穀城・蕭相國祠》條引鮑至《南雍州記》。

望楚山

題注　望楚山條，《太平寰宇記》卷一四五《襄州・襄陽縣・望楚山》條引鮑至《南雍州記》。

（望楚山，）凡三名，一名馬鞍山，又名灾山。宋元嘉中，武陵王駿爲刺史，屢登陟焉。因其舊名，以望見鄢城，改爲望楚山。後遂龍飛爲孝武帝，所望之處，時人號爲鳳嶺。高處有三磴，是劉弘、山簡等九日宴賞之處。

蕭騰

題注 蕭騰條，據《太平廣記》卷四六九引《南雍州記》。事出梁代，此《南雍州記》當出鮑至手筆。

襄陽金城南門外道東，有參佐廨。舊傳甚兇，住者不死必病。梁昭明太子臨州，給府僚吕休茜。休茜常在廳事北頭眠，鬼牽休茜，休茜墜地，久之悟。俄而休茜有罪賜死。後令蕭騰初上，至羊口岸，忽有一丈夫著白紗高室帽、烏布袴，披袍造騰。疑其服異，拒之。行數里復至，求寄載，騰轉疑焉。如此數回。而騰有妓妾數人，舉止所爲，稍異常日，歌笑悲啼，無復恒節。及騰至襄陽，此人亦經日一來，後累辰不去。好披袍縛袴，跨狗而行。或變易俄頃，咏詩歌謡，言笑自若，自稱是周瑜，恒止騰舍。

騰備爲禳遣之術，有時暫去，尋復來。騰又領門生二十人，拔刀斫之，或跳上室樑，走入林中，來往迅速，竟不可得。乃入妾屏風裏，作歌曰：「逢歡羊口岸，結愛桃林津，胡桃擲去肉，訝汝不識人。」頃之，有道士趙曇義爲騰設壇，置醮行禁。自道士入門，諸妾並悲叫，若將遠别。俄有一黿徑尺餘，自到壇而死，諸妾亦差。騰妾聲貌悉不多，諮議參軍韋言辯善戲謔，因宴而啓云：「常聞世間人道，黠如鬼。今見鬼定是痴鬼；若黠，不應魅蕭騰妓。以此而度，足驗鬼痴。」

貞女樓

題注　貞女樓條，據明許自昌刻本《太平廣記》卷二七〇《衛敬瑜妻》條引《南雍州記》及《太平寰宇記》卷一四五《雍州・襄陽縣・貞女樓》條引《南雍州記》。以《太平廣記》爲本，校以《太平寰宇記》。

王整之姊〔一〕，衛敬瑜妻，年十六而亡夫，父母舅姑欲嫁之，乃截耳爲誓〔二〕，乃止〔三〕。墓前柏樹，爲之連理〔四〕。户有巢燕，常雙飛，後忽孤飛。女感其偏栖，乃以縷繫脚爲志。後歲，此燕果復來，猶帶前縷，妻爲詩曰：「昔年無偶去，今春又獨歸。故人恩義重，不忍更雙飛。」

校注

〔一〕王整之姊　四字原無，據《太平寰宇記》補。

〔二〕乃截耳爲誓　「耳」《太平寰宇記》爲「鼻」。

〔三〕乃止　「乃止」原作「不許」，意含混易誤，據《南史》本傳改。

〔四〕墓前柏樹爲之連理　此八字原無，據《太平寰宇記》補。

考釋

衛敬瑜妻王氏事迹，詳見《南史》卷七四《孝義傳》，《傳》載：「霸城王整之姊嫁爲衛敬瑜妻，年十六而敬瑜亡，父母舅姑咸欲嫁之，誓而不許，乃截耳置盤中爲誓，乃止。遂手爲亡婿種樹數百株，墓前柏樹，忽成連理，一年許，還復分散。女乃爲詩曰：『墓前一株柏，根連復並枝，妾心能感木，頽城何足奇。』所住户有燕巢，常雙飛來去，後忽孤飛。女感其偏栖，乃以縷繫脚爲志。後歲，此燕果復更來，猶帶前縷。女復爲詩曰：『昔年無偶去，今春猶獨歸。故人恩既重，不忍復雙飛。』雍州刺史西昌侯藻嘉其美節，乃起樓於門，題曰『貞義衛婦之閭』。又表於臺。」據此可以推知：一、李延壽作《南史》,補《孝義·衛敬瑜妻王氏傳》,其史迹當據《南雍州記》。《太平寰宇記》載「襄陽貞女樓」而辭不及「樓」,當係摘引既漏。二、據《梁書》卷二三《長沙嗣王業附子藻傳》及《南史》卷五一《長沙宣王懿附孫藻傳》,藻,「天監元年封西昌縣侯」,「十一年出爲……雍州刺史」,次年轉兖州刺史,則蕭藻爲衛敬瑜妻立「貞女樓」,應在天監十一年。此《南雍州記》爲鮑至所撰者之明證。

馬水

題注　馬水條,據《初學記》卷八引「《南雍州記》曰」。據考證,當爲梁鮑至所撰。

龍居縣南有馬水〔一〕。

校注

〔一〕龍居縣,不見記載。《隋書》卷三一《地理志》,荆州漢東郡有土山縣。梁曰龍巢,後周改左陽,開皇十八年改爲真陽,大業初又改爲土山。在郡治隨之東北。按《輿地紀勝》卷八三「隨州,風俗形勝,山名曰龍居」引《漢東志》:「自隋文帝興之後,名龍居。」又「古迹·

隋文帝宅」引《漢東志》：「在州城西南，自隋文帝興之後，山名曰龍居。」疑《南雍州記》原作「龍巢縣」，後訛爲「龍居縣」。若此，則此《南雍州記》爲鮑至所撰。

卧佛寺

題注 卧佛寺條，《輿地紀勝》卷八二《襄陽府·景物下·卧佛寺》條引《襄陽記》。按所言爲梁武帝太清二年（五四八）事，故當出自鮑至撰《南雍州記》。

梁太清二年立，以山坐東面西，因作卧佛以鎮之。

辛夷仲

題注 辛夷仲條，據清同治《襄陽縣志》引《南雍州記》，《説郛》卷六一王韶《南雍州記》亦摘引此條。按所記爲宋、齊間事（見附録二「辛宣仲」條考證)，推定當出自鮑至《南雍州記》。今以《襄陽縣志》所引爲本，校之以《説郛》本。

辛居士，字夷仲〔一〕，隱居於襄陽漢水之西，結廬竹林中，春月鬻筍充酒資〔二〕。截竹成筒〔三〕，爲酒器〔四〕。或問其故〔五〕，答曰〔六〕：「吾性愛竹與酒〔七〕，欲令此二物常並耳〔八〕。」巴陵王休若往造之〔九〕，居士善彈箏，方坐林中，彈箏不爲禮。少頃，回語其子云：「取豹皮中五錢，爲殿下市瓜。」置箏共語。王之賓客欲聞箏者，指令居士彈。居士曰：「辛非王門伶人，何事見逼？吾所以勝於君等，正爲舉止自由。若聞命鞠躬，即與君等何異！」占對詳雅，衆不能屈。胡文定公爲之傳〔一〇〕。

校注

〔一〕字夷仲　「夷仲」《説郛》本作「宣仲」。

〔二〕春月鬻筍充酒資　「酒資」《説郛》本作「觴酌」。

〔三〕截竹成筒　「成筒」《説郛》本作「爲罌」。

〔四〕爲酒器　此三字《説郛》本作「用充盛置」。

〔五〕或問其故　「或」《説郛》本作「人」。

〔六〕答曰　「答」《説郛》本作「宣仲」。

〔七〕吾性愛竹與酒　「與」《説郛》本作「好」。

〔八〕欲令此二物常並耳　《説郛》本無「此」字。

〔九〕巴陵王休若往造之　「巴陵王休若」，《襄沔記》作「宋邵陵王休若爲南雍州刺史」。按《宋書》卷七二《巴陵哀王休若傳》，休若未曾封邵陵，當爲巴陵之訛。又休若於泰始二年（四六六年）任南雍州刺史，四年徙湘州刺史，知休若訪辛夷仲，當在泰始二至四年間。

〔一〇〕胡文定公爲之傳　「胡文定公」未知指何人，事迹不詳。

諸葛故宅

題注　諸葛故宅條，據《太平御覽》卷一七七引《南雍州記》。《説郛》亦摘引此條，稱晉王韶《南雍州記》。按條中轉引劉宋初盛弘之《荆州記》，且條末以「齊建武中」事，故應爲鮑至《南雍州記》文。今以《太平御覽》爲本，以《説郛》校補。

隆中諸葛亮故宅，有舊井一，今涸無水。盛弘之《記》云：「井深五丈，廣五尺〔一〕。宅西有三間屋，基迹極高〔二〕，云是孔明避暑臺〔三〕。堂前臨水，孔明常登之，鼓琴以爲《梁父吟》，因名此山爲樂山〔四〕。」先有人姓董，居之，滅門，後無復敢有住者。齊建武中，有人修井，得一石枕，高一尺二寸，長九寸，獻晉安王〔五〕。習鑿齒又爲宅銘。今宅院見在。

校注

〔一〕井深五丈廣五尺　此七字原無，據《説郛》本補。

〔二〕基迹極高　「迹」《説郛》本作「趾」。

〔三〕云是孔明避暑臺　「暑」原作「水」，據《説郛》本改。

〔四〕自「堂前」至「樂山」共二十三字原無，據《説郛》本補。

〔五〕獻晉安王　「晉安王」，即梁簡文帝蕭綱，時爲南雍州刺史，鎮襄陽。

高齋

題注　高齋條，據《太平御覽》卷一八五引唐吴從政撰《襄沔記》轉引鮑至

《南雍州記》。

簡文爲晉安王，鎮襄陽日，又引劉孝威、庾肩吾、徐防、江伯操、孔敬通、惠子悦、徐陵、王囿、孔鑠等於此齋綜覆詩集。於時，鮑至亦在數，凡十人。資給豐厚，日設肴饌。於時號爲「高齋學士」。

白土齋

題注 白土齋條，據《太平御覽》卷一八五引鮑至撰《南雍州記》，題名爲輯者暫擬。

高齋其泥土鮮净，故此爲名焉。南平世子恪臨州〔一〕，有甘露降此齋前竹林。昭明太子於齋營集道義〔二〕，以時相繼。

校注

〔一〕南平世子恪臨州　《梁書》卷二二《南平王偉傳》，有世子恪。《南史》卷五二有恪本傳，字敬則，位雍州刺史。

〔二〕據《梁書》卷八《昭明太子傳》，昭明太子名統，字德施，梁武帝長子。齊中興元年（五〇一年）生於襄陽。

粟　齋

題注　粟齋條，據《太平御覽》卷一八五引鮑至撰《南雍州記》，題爲輯者暫擬。

白土齋南道，又一齋，以粟爲屋。梁武帝臨州〔一〕，寢卧於此齋中，常有五色雲迴轉，狀如盤龍，屋上恒紫雲騰起，形似傘蓋。遠近望者，莫不異焉，武帝於此龍飛。

校注

〔一〕梁武帝臨州　《梁書》卷一《武帝紀上》載，齊明帝建武四年（四九七年），蕭衍以石頭守將從崔慧景至襄陽，俄「行雍州府事」。七月，授雍州刺史。「梁武帝臨州」，當指此時。

下齋

題注 下齋條，據《太平御覽》卷一八五引鮑至撰《南雍州記》。

高齋東北，有一齋名曰下齋。次於高齋制度，壯麗、極爽塏，刺史辨決獄訟，舊出此齋。

樂喜臺

題注 樂喜臺條，據《太平御覽》卷一七八引《南雍州記》；《説郛》卷六一亦載此，當爲鮑至所撰。

高齋之後有堂，堂西有射堂五間。射堂南有大池，池上有臺，名曰樂喜臺〔一〕。

校注

〔一〕名曰樂喜臺　「喜」《説郛》本作「善」。

作者待考南雍州記輯本

白公湍

題注　白公湍條，《太平寰宇記》卷一四五《襄州·宜城縣·白公湍》及《輿地紀勝》卷八二《襄陽府·景物下》，均引《南雍州記》。今以《太平寰宇記》爲本，校以《輿地紀勝》。

秦將白起伐楚之日，涉此水而濟，因號白公湍〔一〕。今有三磧，亦名三洲赤石湍〔二〕。

校注

〔一〕因號白公湍　「因號」《輿地紀勝》作「號曰」。

〔二〕亦名三洲赤石湍　「洲」另本《太平寰宇記》作「州」。

考釋

《太平寰宇記》載,鸞水「西自義清縣界流入,東南經(宜城)縣西,去縣三十里,有白公湍」。義清,在襄陽、南漳間。

穀城

題注　穀城條,《太平寰宇記》卷一四五《襄州·穀城縣·穀城》條引《南雍州記》。

(穀城,)穀伯綏之舊國也。昔城門前有石人,刻其腹曰「摩鞬慎莫言」,亦金人緘口銘之流也。今無矣。

考釋

《太平寰宇記》稱,穀城,「在(穀城)縣北五里」。《水經·沔水注》載,「城在穀城山上,春秋穀綏伯之邑也,墉堙頹毀,基塹亦存」。《藝文類聚》卷六三引盛弘之《荆州記》載:「樊城西北有鄾城,西百餘里有穀城，穀伯綏之國。城門有石人焉，刊其腹云：『摩兜鞬，摩兜鞬，慎莫言。』疑此亦周太史廟金人緘口銘背之流也。」所載較《南雍州記》詳。

粉水

題注 粉水條，《太平寰宇記》卷一四五《襄州·穀城縣·粉水》條引《南雍州記》。

蕭何夫人漬粉鮮潔，異於諸水，因立名。〔一〕

校注

〔一〕《説郛·南雍州記》粉水，「蕭何夫人漬粉處也」。

考釋

《太平寰宇記》稱，粉水，「在（穀城）縣北六十里。出房州房陵縣，東流入縣」。房陵，今湖北房縣；穀城，屬湖北。

古魚井

題注　古魚井條，《太平寰宇記》卷一四五《襄州·襄陽縣·古魚井》條引《南雍州記》。

古魚井内，一魚無肉，唯骨相連耳。

湍水六門碣

題注　湍水六門碣條，《太平寰宇記》卷一四二《鄧州·穰縣·湍水》條引《南雍州記》。

縣北七里，有湍水六門碣、白水、濁水、棘水是也。

考釋

《水經·湍水注》「湍水又南過冠軍縣東」云：「湍水又徑穰縣，爲六門陂。漢孝元之世，南陽太守邵信臣以建昭五年，斷湍水，立穰西石碣。至元始五年，更開三門，爲六門碣也。溉穰、新野、昆陽三縣五千餘頃。漢末毀廢，遂不修理。晉太康三年，鎮南將軍杜預復更開廣，利加於民，今廢不修矣。」穰縣，今河南鄧縣，冠軍在穰縣西北，今張村附近。

梅溪

題注 梅溪條，據《初學記》卷八引《南雍州記》、《太平寰宇記》卷一四二引《南雍州記》、《史記》卷三九《晉世家》獻公二十二年滅虞《正義》引《南雍州記》。

南陽縣西七里〔一〕，有梅溪〔二〕。源發紫山，南經百里奚故宅〔三〕。百里奚宋井伯，宛人也〔四〕。

校注

〔一〕南陽縣西七里 「西」字原無，據《太平寰宇記》補。

〔二〕有梅溪　此上據《初學記》。

〔三〕南經百里奚故宅　此上據《太平寰宇記》。

〔四〕百里奚宋井伯宛人也　此上據《史記正義》。按「井伯」，一説是地名，則此句應作「百里奚，宋井伯宛人也」；一説是百里奚之字，《楚國先賢傳》即稱「百里奚字井伯」，則「宋」字當為「字」字之誤。此處全從《史記正義》。

考釋

《水經・淯水注》載：「淯水又南，梅溪水注之。水出（南陽）縣北紫山，南徑百里奚故宅。奚，宛人也，於秦爲賢大夫，所謂迷虞智秦者也。」所載與《南雍州記》略同。

光武臺

題注　光武臺條，《太平寰宇記》卷一四二《鄧州・南陽縣・光武臺》條引《南雍州記》。

光武臺，在新野縣。

考釋

《太平寰宇記》稱：「光武臺，在縣北二十里。」此當指新野縣而言。

武當石室

題注 武當石室條，《太平御覽》卷四三、《太平寰宇記》卷一四三、《輿地紀勝》卷八五均引作《南雍州記》。本條以《太平御覽》爲本，校之以《太平寰宇記》及《輿地紀勝》。

武當山，有石門石室，相承云是尹喜所栖之地〔一〕，有銀床玉案〔二〕。

校注

〔一〕相承云是尹喜所栖之地　「承」，《輿地紀勝》及金陵局本《太平寰宇記》同；宋校本《太平寰宇記》作「成」。又「是」字原無，據《輿地紀勝》補。

〔二〕有銀床玉案　此五字原無，據《輿地紀勝》補。

石梁山

題注　石梁山條，《太平寰宇記》卷一四五《襄州·襄陽縣·石梁山》條引《南雍州記》。

石梁山，形如橋梁也。白雲起，則崇朝而雨，人以爲準。

考釋

《輿地紀勝》卷八二《襄陽府·石梁山》條引《南雍州記》云：「石梁山，形似橋梁也，白雲起，即崇朝而雨。」與《太平寰宇記》載引略同。

馬窟山

題注　馬窟山條，《太平寰宇記》卷一四五《光化軍·乾德縣·馬窟山》條引《南雍州記》。

漢時，有馬數百匹從此窟出，舊名馬頭山，敕改爲「馬窟」。

考釋

趙宋時，光化軍治乾德縣。乾德，今湖北均縣至老河口市之間、在漢水北岸。金陵局本《太平寰宇記》稱，馬窟山，「在（乾德）縣東南六里。」宋校本作「在縣東六里」。

沉碑潭

題注　沉碑潭條，據《心齋十種》本《襄陽耆舊記·杜預》條附《南雍州記》，校以《輿地紀勝》卷八二《襄陽府·景物下·沉碑潭》引《南雍州記》。

其沉碑，今天色晴朗，漁人常見此碑於水中也〔一〕，謂之沉碑潭〔二〕。預在鎮，因宴集，醉卧齋中，外人聞嘔吐之聲，竊窺於户，止見一大蛇，垂頭而吐。聞者異之。

校注

〔一〕漁人常見此碑於水中也　「水」《輿地紀勝》作「潭」。

〔二〕謂之沉碑潭　此五字原無，據《輿地紀勝》補。

白馬山

題注　白馬山條，《輿地紀勝》卷八二《襄陽府·景物下·白馬山》引《南雍州記》。

每年，刺史三月三日，禊飲於此。

考釋

《輿地紀勝》，白馬山「在襄陽縣東南十里，以白馬泉名」。

國王城

題注　國王城條，《輿地紀勝》卷八二《襄陽府·景物下·國王城》條引

《南雍州記》。

（國王城，）晉順陽王暢所都。

考釋

《輿地紀勝》稱，國王城，「在穀城縣東北四十九里」。司馬暢，晉扶風王駿之子，《晉書》卷三八本傳云：「暢，字玄舒，改封順陽王，……永嘉末，劉聰入洛，不知所終。」

五陌村

題注 五陌村條，《太平寰宇記》卷一四五《光化軍·乾德縣·五陌村》條引《南雍州記》。

鄭城南四里，有五陌村，榆樹連理，異本合幹，高四丈，鄉人以爲社。其洲並樹在五陌村，因此爲名。其樹，今已枯。

羊祜碑

題注　羊祜碑條，據《心齋十種》本《襄陽耆舊記・羊祜》條附《南雍州記》。

楊世安同記室、主簿讀祜碑訖，乃長嘆曰：「大丈夫在在當立名，吾雖不敏，豈獨無意？」自爾爲政，務存寬簡。荆州人爲祜諱，名屋室皆以門爲稱；改「户曹」爲「辭曹」。

金泉

題注　金泉條，據《説郛》卷六一《南雍州記・酒泉》條。

福禄城，謝艾所築，下有金泉，味如酒。有人飲此泉水，見有金色從山中照水，往取得金，故名。

温水

題注 温水條，據《太平寰宇記》卷一四五《光化軍・乾德縣・温水》條引《南雍州記》。

温水，出紅農縣境，冬月微温。

考釋 《太平寰宇記》載，温水「在（乾德）縣南七里，西南流入漢江」。按史籍不載「紅農縣」。温水北來，出於今河南境内熊耳山一帶，此地北聯弘農。疑「紅農」爲「弘農」之誤，「紅」、「弘」音近易訛。

中國史學基本典籍叢刊　書目

穆天子傳匯校集釋
國語集解
吴越春秋輯校彙考
越絶書校釋
西漢年紀
兩漢紀
漢官六種
東觀漢記校注
校補襄陽耆舊記（附南雍州記）
十六國春秋輯補
洛陽伽藍記校箋
建康實録
荆楚歲時記
大唐創業起居注箋證（附壺關録）
貞觀政要集校（修訂本）
唐六典
蠻書校注
十國春秋
皇朝編年綱目備要
皇宋十朝綱要校正
隆平集校證
宋史全文
宋太宗皇帝實録校注
金石録校證
丁未録輯考
靖康稗史箋證
中興遺史輯校
鄂國金佗稡編續編校注
皇宋中興兩朝聖政輯校
中興兩朝編年綱目
續宋中興編年資治通鑑
續編兩朝綱目備要

宋季三朝政要箋證
宋代官箴書五種
契丹國志
西夏書校補
大金弔伐録校補
大金國志校證
聖武親征録（新校本）
元朝名臣事略
明本紀校注
皇明通紀
明季北略
明季南略
國初群雄事略
小腆紀年附考
小腆紀傳
廿二史劄記校證